Cla da Foggia

Das Leben eines Randulins

Peter Schmid

Mit Landschaftsfotografien von Florio Puenter

Herausgegeben von Hansueli Baier

Cla da Foggia
Das Leben eines Randulins

Südostschweiz Buchverlag

12	**Inscunters – Begegnungen**
21	**Flyt**
23	**Randulins**
25	**Babsegner**
29	**Mamma**
31	**Barschadellas**
32	**Äschen**
34	**In den Gondas**
36	**Claïn**
39	**Sudrüm**
40	**Alfons**
42	**Laviner Grond**
43	**Va a giovar!**
45	**Tschüffatalpas**
47	**Mengia**
48	**Vuolpina**
50	**Cla da Foggia**
51	**Pätterstogg**
52	**Il ravarenda**
54	**Bacharia**
56	**Sauwiiber**
58	**Put in gromma**
63	**Konvikt**
64	**Mazzas**

68	Foggia
70	Tu sei di qui?
72	Revair
76	Palü Lunga
78	Mitleid
80	Polack und Pepi Turi
82	Martin und Julia
84	László
87	Arbeitssuche
90	Take the Jeep
93	Parabellum
95	Teater franzos
97	Miracul economic
98	Conductör
100	Grand Hotel
102	Step by step
105	Swiss waiter
107	Simpson's
108	Sans-Papiers
110	Un lit
116	Madrid
118	Candanchú
120	Amado Loriga
123	Teniente Famos
124	Euskaldunak
127	Ramón Iglesias Navarri
128	Núria
130	Puigmal
131	Català
132	Lobos
133	Nou Creus
134	Luis
136	Competición de esquí
139	Señor Obispo

140	El vive
142	Tramuntana
144	Pino negro
147	Es lohnt sich zu sterben
148	Liliane
154	Export zwei
155	Zucker
157	Wut
159	Acla da Fans
161	Parfüms
173	Il cuvel
174	Il chatschader
182	Bertel und Töna
186	Paragraphenjagd
194	Ils tschiervis
198	Chatscha da chamuotschs
200	Gefühlssache
208	Beeren und Frösche
210	Bestzeit
220	Paznaun
223	Kämpfe
229	Fuatscha grassa
230	Nachbarn
232	Chara lingua
234	Familie
236	Wehmut
242	Eins

Inscunters – Begegnungen

Meine erste Begegnung mit dem untersten Engadin liegt vierzig Jahre zurück. Als Schüler der zweiten Klasse des Bündner Lehrerseminars in Chur hatte ich mich zum Landdienst gemeldet; ich wurde dem Bauern Jachen Christoffel vermittelt, der mit seiner Frau eine Landwirtschaft in Ramosch betrieb. So fuhr ich Mitte Juni 1967 mit der Rhätischen Bahn ins Unterengadin. Ich kannte das Tal aus Fotobüchern Dominic Feuersteins, die mir mein Vater als Bub geschenkt hatte. Damals hatte ich auch versucht, aus Karton ein Engadinerhaus zu basteln, das ich mit Mehlpappe verkleisterte, verputzte und mit Hilfe von Nadel und Feder sgraffitoähnlich verzierte. Lange hing auch ein Bild über meinem Bett von einem Horst im S-charltal, auf dem der Adler sein Junges mit einem Murmeltier füttert.

Das Haus der Christoffels fast zuoberst im Dorf war kein Engadinerhaus. Ich war enttäuscht. Ramosch sei mehrmals abgebrannt, 1822 und 1880|81, wurde mir gesagt. Danach errichteten vor allem norditalienische Baumeister Häuser mit Halbflachdächern, heute gefallen mir diese schlichten Kuben mit der südlichen Note. Mein Bauer erzählte mir auch, dass früher auf all den Terrassen über dem Dorf Gerste und Roggen angebaut wurde, mit seinem milden Klima sei Ramosch die Kornkammer des Engadins gewesen. Ich verbrachte arbeitsreiche Tage in Ramosch. Mit Holzscheiten, Jungviehhüten und Heuen. Wie überall, gab es Nachbarn, die man grüsste und andere kaum. Manchmal kommen mir die ungeheuer schönen Wälder in den Sinn, welche dieses Bergtal prägen. Es wird gelacht und gesungen in den Dörfern, und aus den Wäldern kommt mitunter auch die Schwermut zu den Menschen.

*Cla Famos begegnete ich das erste Mal im Dezember 1999.
Als Präsident der Baukommission der Therme Vals war ich
damals an eine Gemeindeversammlung nach Strada eingeladen
worden, an der Peter Zumthor den Tschlinern sein Konzept
für ein Hotel vorstellte. Und in meiner Funktion berichtete ich,
aus welchen Gründen die Gemeinde Vals sich in so hohem
Masse für das Projekt Therme engagiert hatte, und weshalb
die Therme schliesslich mit dem Architekten Peter Zumthor
zu einem aussergewöhnlichen Erfolg wurde.*

*In der anschliessenden Diskussion stand gegen Schluss
ein Mann auf, es war Cla Famos, der auf Vallader, dem
Romanisch des Unterengadins, von dem ich nur die Hälfte
verstand, Überlegungen anstellte, wieso die Gemeinde an das
Projekt Kulturhotel Tschlin einen Beitrag leisten sollte.
Ich nahm Cla Famos damals wahr als Mann mit Charme und
Charisma, den die Tschliner, obwohl er in der Acla da Fans
viel Geld verdient hatte, als einen der ihren betrachteten.
An dieser Versammlung sprach die Gemeinde einen Kredit
von 150 000 Franken an das Vorprojekt für einen ‹Hotelturm›
zuoberst in Tschlin. Das Projekt wurde am Ende doch nicht
verwirklicht – es gab legitime Gründe für eine Kapitulation,
aber dieser Verzicht ist auch eine verpasste Chance.*

Im Frühling 2006 traf ich Cla ein zweites Mal in seinem
Haus in Scuol. Diese Zusammenkunft entsprang der Intention
von Hansueli Baier als Präsident des Verwaltungsrats der
Acla da Fans. Das Leben des «Cla da Foggia» mit all seinen
Geschichten sollte schriftlich festgehalten werden. So sassen wir
zur Mittagsstunde bei Cla Famos am Tisch, er hatte für uns
gekocht, beim Essen erzählte er aus seiner Biografie: Er hüpfte
vom Engadin nach Foggia, von London über Madrid in die
Pyrenäen und immer wieder in die Berge hoch über Raschvella.
Beim Abschied sahen wir uns in die Augen, unser Händedruck
war der Kontrakt für das Buch.

    Im Sommer und Herbst 2006 gab Cla mir Einblick in
sein Leben, er schilderte seine Abenteuer hier und in der Ferne
und offenbarte mir seine Träume und Gedanken. Auch ich
vernahm die Geschichten, die Cla Famos immer wieder vortrug,
zahlreichen Leuten zum Besten gab, Geschichten, die mit ihm
und den vielen Malen, in denen er sie erzählte auch ihre Form
veränderten bis zur endgültigen, die nicht gültiger ist.

    Cla war ein famoser Erzähler. Unsere langen Gespräche im
Juni und im Oktober 2006 hatte ich auf Tonband aufgenommen,
daraus resultierte ein dreihundertseitiges Protokoll. Als ich das
Material überblickte, kam ich mir wie ein Filmemacher vor,
der am Pult mit kühnen Schnitten, jene Sequenzen herausgreift
und zusammenfügt, die den wahrhaftigen Cla Famos wieder
aufleben lassen.

Er erzählte mir seine Geschichten auf Schweizerdeutsch, vielleicht ist das ein Makel. Obwohl oder gerade weil Cla Famos neben seinem Vallader, in sechs Fremdsprachen sehr bewandert war, ist sein Deutsch eine Gebrauchssprache geblieben, die sich nicht so einfach in geschriebene Worte fassen lässt. Auch das Fragmentarische war eine Hürde, vor der ich lange ratlos stand. Bei kurzen Wiedergaben kann man allenfalls eine direkte, fast wörtliche Übertragung ins Schriftdeutsche vornehmen. Für ein Buch geht das nicht. So musste ich eine geschriebene Sprache finden, die für unseren «narratur» stimmt, durch die wir den erzählenden Cla Famos dennoch vor uns haben, obwohl jede Leserin und jeder Leser weiss, dass unser «aventurier» seine Lebensgeschichten nicht eben in dieser erarbeiteten Form erzählte.

Am 25. September 2007 verstarb Cla Famos. Er hatte sich gefreut auf sein Buch. Einer seiner letzten Wünsche war die Publikation seiner Geschichten. Cla hatte sein Sterben vorausgeahnt und für seine Todesanzeige ein kleines Gedicht geschrieben.

Am 30. September 2007 wurde Cla auf dem Friedhof seines Heimatdorfs bestattet. Bei dieser stillen Abschiedsfeier kreiste unverhofft der Adler von Ramosch hoch über der Trauergemeinde, drehte drei Runden und verschwand in den Wolken.

Aglia, char'aglia, tü svoulast
sur grondas muntognas e nüvlas –
dalöntsch, dalöntsch!
Chi sà, forsa eir vers l'eternità.
O char amia, fa'm il plaschair e
piglia eir a mai cun tai.

Adler, lieber Adler, du fliegst
über grosse Berge und Wolken
weit, weit dahin!
Wer weiss, vielleicht bis in die Ewigkeit.
Oh lieber Freund, mach mir die Freude
und nimm mich mit dir mit.

Clas Eltern in
Foggia: Letta
Famos-Valentin
1892–1988 und
Anton Famos
1895–1956.

Flyt

Ich wurde am 31. März 1924 in Foggia geboren.
Schon nach ein paar Monaten war ich immer kränklich.
Meine liebe Mutter wusste nicht warum, der Vater auch
nicht. Aber heute glaube ich es zu wissen. Die Stadt
Foggia im Süden Italiens war zu jener Zeit umgeben von
malariaverseuchten Sümpfen. Die dreissig Kilometer
lange Ebene bis zum Meer hinunter liess Mussolini später
trockenlegen. Heute ist das eine wunderbare Gegend
mit fruchtbaren Böden, mit Oliven, Wein und Tomaten,
und was sie da alles pflanzen.

    Zum Schutz vor der Malaria gab es damals gerade
ein neues Mittel, Flyt, damit wurde mein Zimmer eingestäubt und ich vergiftet. Der Arzt sagte: «Der Kleine
wird sterben.» Meine Eltern hatten in Foggia schon ihr
erstes Kind verloren. Mit dem todkranken Mädchen
war meine Mutter noch ins Engadin gereist, doch an
der Tür des Spitals in Samedan starb das Kind, erst
siebenjährig. Entsprechend hatten Vater und Mutter
Angst um mich, ich wurde unverzüglich nach Raschvella
überführt, und nach vierzehn Tagen in der Bergluft
war ich wieder vögeliwohl. Also kam ich wieder nach
Italien und wurde abermals krank. Bald oben gesund,
bald unten krank, kam man zum Schluss, dass ich
das Klima nicht vertrüge, und meine Eltern liessen mich
in Grossmutters und Grossvaters Obhut. In Raschvella
war ich das einzige Kind.

Noch bevor ich in die Schule ging, reiste ich einmal alleine, sonst aber in Begleitung von Verwandten zu den Eltern nach Italien; auf der Rückfahrt hingegen war ich immer allein unterwegs. Mein Vater hängte mir eine Schnur mit einem Zettel um den Hals, dass ich nach Tirano müsse und Hilfe brauche: «Devo andare a Tirano! Aiutami!» Und so hat er mich in den Treno verfrachtet.

Im Zug lasen die Leute meinen Frachtschein, und eine Dame oder ein Herr sagte zu mir: «Tu devi andare a Milano? Sai che devi cambiare a Bologna?» – «No.» Ich wusste nicht, dass ich in Bologna umsteigen musste. In Bologna haben sie mich an der Hand genommen, hinausbegleitet und ausgerufen: «Questo bambino deve andare direzione Milano…» Immer nahm mich jemand an der Hand und führte mich zum Zug. Vielleicht musste ich noch eine Stunde warten, manche bezahlten mir eine Milch, jedesmal bin ich in Tirano angekommen. Als Reserve gab mir mein Vater fünf Lire mit. «Dort, wo der Zug hält, ist eine Bank», sagte er zu mir, «da gehst du hinein, gibst das Geld, und sie sollen dir Franken geben, die musst du gut verstecken.» Für fünf Lire gab es damals zwanzig Franken! Das war ein Haufen Geld.

Randulins

Raschvella ist eine kleine Siedlung mit fünf Häusern, die zur Gemeinde Ramosch gehört und eine gute Wegstunde flussabwärts auf der rechten Seite des Inns liegt. Das Land ist fruchtbar, die Anbauflächen reichten aber schon damals nicht aus, um hier alle zu ernähren. Dies galt für das gesamte Tal, und so sahen sich zahlreiche Engadiner während Jahrhunderten gezwungen, ihr Glück in der Fremde zu suchen.

Berühmt geworden sind die Zuckerbäcker: Bereits Ende des 17. Jahrhunderts waren allein in Venedig von 42 Zuckerbäckereien 38 in bündnerischem Besitz. Die Engadiner waren vermutlich auch die ersten in ganz Europa, die den Kaffee in eigentlichen Kaffeehäusern ausschenkten. Manche kamen zu Vermögen und Ansehen. Da die Verbindung zur Heimat nie abgebrochen wurde, steckten viele ihr Geld in ihren zweiten Wohnsitz in den Bergen; sie bauten prachtvolle Engadinerhäuser und brachten auch Weltkenntnis, Gewandtheit und Politesse in die Dörfer.

Viele Auswanderer plagte das Heimweh, und regelmässig verbrachten sie die Sommermonate im Engadin. Der hier Schreibende kennt diese Nostalgie aus der eigenen Kindheit – mein in Vals aufgewachsener Vater hatte sein Brot in Zürich zu verdienen; wann immer möglich aber war er mit uns in seinem Dorf in den Bündner Bergen. Dieses Leben prägte mich: Schon als Bub sagte ich unentwegt und unbeirrt: «Wenn ich gross bin, lebe ich in Vals.» So kam es. Das Licht, die Luft waren eben ganz anders; und heute noch, wenn ich Schwalben höre, dieses Jauchzen am Himmel, dann bin ich ein glücklicher, kleiner Bub.

Randulins, also Schwalben, wurden damals auch die Engadiner Emigranten genannt, die für die Sommermonate jeweils in ihre Heimat zurückkehrten.

Heimweh
Der Mediziner Johannes Hofer in Basel beschrieb das Heimweh 1688 in seiner Dissertation erstmals wissenschaftlich als eine Krankheit. Er führte den Begriff «Nostalgia» ein, der heute noch als medizinischer Fachbegriff für Heimweh verwendet wird. Auch die Bezeichnung «Schweizer Krankheit» war nunmehr in Europa gebräuchlich. Hofer erklärte die schwere Gemütslage von Soldaten oder Reisenden fernab der Heimat organisch: Durch das ständige Denken an das Vaterland sei die Lebensenergie, die durch Nervenröhren zwischen Körper und Gehirn fliesse, erschöpft.
QUELLE: Theodor Abt, «Fortschritt ohne Seelenverlust», 1983, Seite 127

Die Grosseltern
von Cla Famos:
Nicola Minar
Famos 1859–1941
und Luisa
Famos-Luzzi
1865–1962.

Der Hof Rasch-
vella in den
Zwanzigerjahren
des letzten
Jahrhunderts.

Babsegner

Mein Urgrossvater war ein kleiner Bauer in Raschvella gewesen. Sein Sohn, also mein Grossvater, hiess Nicola Minar Famos. Als junger Bursche ging er nach Genua und wurde Pâtissier, eine Zeitlang arbeitete er in La Spezia, schliesslich landete er im süditalienischen Foggia und baute dort die Pasticceria Svizzera auf. Er war verheiratet mit der Ramoscherin Luisa Luzzi, die aber im Engadin blieb und sich mit den Kindern in Raschvella um die Landwirtschaft kümmerte.

In Foggia wollte mein Grossvater einen Nachfolger für seinen florierenden Betrieb, weshalb mein Vater zunächst in einer Pâtisserie in Nizza das Handwerk erlernen sollte. Dann arbeitete er noch in einer Pasticceria in einer norditalienischen Stadt und zog schliesslich zum Grossvater nach Foggia hinunter. Doch den Grossvater plagte über alle Jahre das Heimweh nach dem Engadin. Schon bald, um 1920, übergab er meinem Vater sein Geschäft. Später arbeitete auch ein jüngerer Bruder meines Vaters im Betrieb mit.

Zurück in Raschvella, verwirklichte der Grossvater seinen Traum, er wollte die Landwirtschaft vergrössern. Bis dahin hatten sie nur einen kleinen Bauernbetrieb gehabt. Die Lira war damals eine harte Währung, mein Grossvater konnte gut bezahlen, so kaufte er ganz Raschvella zusammen und besass auch mehr Tiere.

Heilung durch Heimkehr
Die Beschreibung von Heimweh als Krankheit fand durch verschiedene Schriften des Zürcher Universalgelehrten Johann Jakob Scheuchzer (1672–1733) weite Verbreitung. Während der Mediziner Johannes Hofer 1688 die Ursache des Heimwehs im Gehirn ortete und Heimweh als ein Leiden am Losgerissensein des Menschen aus der gewohnten Umwelt erklärte, gab Scheuchzer die Schuld dem Luftdruck, der in flachen Ländern höher sei als in den Alpen und deshalb die Blutzirkulation der Schweizer, die «den obersten Gipfel von Europa» bewohnten, behindere. Heimweh galt als tödlich: Heilung brachte nur die Rückkehr in die Heimat, Linderung die Verlegung des Kranken an einen höher gelegenen Ort. Der Berner Universalgelehrte Albrecht von Haller hingegen hielt Heimweh in seinem Artikel «Nostalgie, maladie du pays» in der Yverdoner «Encyclopédie» von 1774 für eine Art Melancholie, die zu Schwäche, Krankheit und Tod führen könne, aber durch Hoffnung auf Heimkehr heilbar sei. QUELLE: *Christian Schmid-Cadalbert, «Heimat oder Heimmacht», Schweizerisches Archiv für Volkskunde 89, 1993, Seiten 69–85*

Aida

Nella terra avventurata
De' miei padri, il ciel ne attende;
Ivi l'aura è imbalsamata,
Ivi il suolo è aromi e fior.
Fresche valli e verdi prati
A noi talamo saranno,
Su noi gli astri brilleranno
Di più limpido fulgor.

Heitern Himmel, linde Lüfte
Hat die Heimat meiner Väter;
Jede Scholle hauchet Düfte,
Alles Duft und Klang und Glück.
Kühle Täler und grüne Auen,
Sie bieten uns ein Brautbett gerne,
Reiner werden Mond, und Sterne
Glänzen dort vor unserm Blick.

Aida, eine Oper in vier Akten von Giuseppe Verdi, wurde 1871 uraufgeführt. Das Libretto schrieb Antonio Ghislanzoni nach einem Szenarium von Camille du Locle. Hier ein Auszug aus dem dritten Akt mit deutscher Übersetzung, gesungen von Aida vor ihrer Flucht.

Jeden Tag nach dem Aufstehen schritt er zum Brunnen hinüber, von wo er eine gute Sicht auf alle seine Wiesen hatte. Er schlug sich auf die Brust und sprach: «Tutto mio.» Dann fing er an zu singen, verschiedene Opern beherrschte er von A bis Z. Wenn er am Morgen um fünf Uhr in den Stall ging, sang er Aida oder Tosca, das dauerte bis um neun Uhr. Mein Grossvater kannte sich in allen Rollen aus, er besass ein Grammophon mit einem Hörrohr, das war sein Konservatorium.

Ich habe meinen «bapsegner» als eine verrückte Persönlichkeit in Erinnerung. Stell dir vor, als er 1918 noch in Foggia war, wachte er eines Nachts plötzlich auf und wusste, dass seine Tochter Tita in Raschvella tot war. Er stand sofort auf und reiste mit der nächsten Eisenbahn Richtung Schweiz, zu Fuss kam er von Mals im Südtirol nach Raschvella, und wie er vor dem Haus stand, trugen sie den Sarg heraus. Das hört sich an wie ein Märchen, aber es ist wahr. Die Tita war an der damals grassierenden Grippe gestorben, er hatte das gespürt.

Nach der Geschäftsübernahme war auch mein Vater mit der Pasticceria Svizzera sehr erfolgreich. Wie es sich für einen Randulin gehörte, heiratete er eine Engadinerin, auch eine Ramoscherin, und gründete eine Familie in Foggia. Der Betrieb wurde mit einer Bar und einer Gelateria vergrössert, sie fabrizierten die beste Glace in ganz Foggia! Sie eröffneten noch einen Lebensmittelladen und bauten in Pian delle Fosse ganz in der Nähe ein Haus mit achtzehn Wohnungen.

Cla hat mir den ganzen Vormittag im Haus in Scuol aus seinem
Leben erzählt. Manchmal werden wir kurz unterbrochen, weil
jemand von der Familie in die Stube kommt. Aber Cla verliert den
Faden nicht. Ich stelle möglichst wenig Fragen, da sein Hörgerät
fast nie richtig funktioniert. Ob ich Hunger habe, fragt er mich,
er koche jetzt schnell etwas: «Plain in pignia!» Für den knusprigen
Kartoffelauflauf mit Trockenfleischwürfeln und Rahm hat er
schon alles vorbereitet. Ich sei sicher auch mit Kartoffeln aufgezogen
worden. Cla kocht sehr gern, das habe er von seiner Mutter
gelernt, sie sei eine fantastische Köchin gewesen. Beim Essen erzählt
er von ihr. Er war neben seinen zwei jüngeren Schwestern Luisa
und Anna ihr einziger Sohn. So habe er eine Sonderstellung
gehabt: Sie sei für ihn heilig.

Kartoffeln und Getreide

Die Kartoffel, die mit ihren hohen Flächenerträgen die europäische Landwirtschaft des Ancien Régime revolutionierte, fand lange keinen Eingang ins Unterengadin. Im späteren 18. Jahrhundert manchmal in den Gärten angepflanzt, war sie erst nach der Agrarkrise von 1816|17 häufiger auf den Äckern anzutreffen; noch in der Mitte des 19. Jahrhunderts scheint sie vergleichsweise wenig verbreitet gewesen zu sein. Dies obwohl die Knollenfrucht in den Nachbartälern des Südens wie des Nordens schon geraume Zeit heimisch geworden war und man ihre Vorzüge seit langem kannte.

Die Gerste, eine im Frühling gesäte Sommerfrucht, warf mit ihrer kurzen Vegetationsdauer auch in hohen Lagen noch einen sicheren Ertrag ab. Sie lieferte allerdings «kurzes Stroh» und wurde bloss «zum Kochen» verwendet (so der Ftaner Alltagschronist Martin P. Schmid). Der im Herbst gesäte Winterroggen war die eigentliche Brotfrucht; seine langen Halme ergaben eine willkommene Ergänzung des Viehfutters. Er war empfindlicher und wurde eher an tieferen Stellen angebaut. (...) Im klimatisch bevorzugten Ramosch (1230 Meter) und in anderen Dörfern des unteren Talabschnitts überwog die Roggenproduktion.

Die natürlichen Eigenschaften des Getreides konnten allerdings überlistet werden, indem man auf hochgelegenen Äckern den Winterroggen im Frühjahr zusammen mit anderen Pflanzen säte und nach einem ersten Grünschnitt die eigentliche Ernte erst im Sommer des folgenden Jahres einbrachte. Bei dieser sporadisch angewandten Technik mussten die Bauern eine geringere Flächenproduktion in Kauf nehmen. Bezüglich Arbeitsaufwand und Ertrag scheint der Roggen auch im normalen Anbau ungünstiger gewesen zu sein; er lag daher im Preis immer ein wenig höher als die Gerste.

QUELLE: *Jon Mathieu, «Bauern und Bären – eine Geschichte des Unterengadins von 1650 bis 1800», 1987, Seite 45*

Mamma

Meine Mutter fehlte mir als kleiner Bub in Raschvella. Mit den Geissen war ich oft tagelang ganz allein unterwegs, bis hinauf zu den Gräten. Da wirst du wild! Eines Tages sagte die Grossmutter: «Jetzt kommen dann die Mamma und der Bab.» Ich hatte eine Riesenfreude, aufgeregt ging ich schon am Morgen hinunter zum Brunnen, hielt den ganzen Tag Ausschau, und wie ich sie erblickte, wollte mein Herz zerspringen. Ich floh wie eine Gams in den Wald. Erst in der Dunkelheit verliess ich mein Versteck, durch den Heustall schlich ich ins Haus und auf mein Zimmer. Die Grossmutter und meine Mutter liessen mir Zeit. Plötzlich stand dann die Mamma neben meinem Bett – und allas isch guat gsi.

Das Leben bei meinen Grosseltern in Raschvella war sehr einfach, denn meine Nona war bescheiden und sparsam. Wir besassen drei, vier Kühe, einige Geissen und ein Schwein, auch verschiedene Kartoffel- und Getreideäcker. Noch heute werden viele Wiesen als «chomp» bezeichnet, das waren früher alles Äcker: Chomp Dadora, Chomp Grond, Chomp Sura, Chomp Bel, Chomp Davo, Chomp dal Mot.

Clas rüstige Mutter, die noch als Neunzigjährige ihre Enkel von S-charl über die Berge ins Münstertal begleitete.

Barschadellas

Der Speisezettel war gegeben. Aus der Milch machten sie Butter, Käse und Ziger, wir assen sehr viel Ziger. Von den Tieren hatte man Fleisch. Aus Weizen, Roggen und Gerste buk die Grossmutter das Brot. Mein Gott, war das ein gutes Brot. Sie hat nur etwa zwei Mal im Jahr gebacken, dann aber mehrere Tage hintereinander. Das waren grosse Brote mit einem Loch in der Mitte, die «barschadellas», wie wir sagen. Das Brot wurde auf eine Latte gesteckt und im Heustall aufgehängt, damit die Mäuse nicht dazukamen. Im Hausgang hatten wir einen Scheitstock, und mit einer kleinen Axt zerschlugen wir das Brot, legten es in die Geissmilch, bis es weich wurde, ein herrliches Frühstück. Geissmilch mochte ich wahnsinnig gerne. In der Zeit, in welcher die Geissen galt waren, hatten wir nur Kuhmilch, die trank ich nicht, das Brot legte ich im Wasser ein und ass es. Am Morgen gab es meist auch Polenta, eine grosse Pfanne stand auf dem Tisch, alle assen daraus. Eigentlich ass man alles aus der Pfanne, Teller wurden nur für die Suppe benutzt.

Wir sind bei Cla Famos in seinem Haus in Raschvella und trinken zusammen Tee. Heute Morgen nach dem Fischen habe er auch Polenta gegessen. Ein solches Frühstück würden seine Kinder niemals zu sich nehmen, die müssten auch Konfi und Eier und dieses und jenes auf dem Tisch haben. Cla war an diesem Morgen schon früh unterwegs gewesen, um einmal an einem unbekannten Ort zu fischen. Ein Kollege habe ihm einen unheimlich interessanten Stand empfohlen, doch es sei eine Schinderei gewesen in diesen Stauden dort unten. Eigentlich stehe es schlecht um den Fischbestand, man fange nur noch so vierundzwanzig Zentimeter lange Forelleli.

Feines Mehl
Zu Schulß und Remüß [in Scuol und Ramosch] wachst Getraid, das etwas rahres in der Güte ist, dz der besten Etschländer Frucht nichts nachgibet. Das reinste Mähl von der Gerste ist weiser, als der feineste Waizen. Man baket Brot davon, das so weiß ist gleichsam wie der Schnee. Der Roggen ist auch von vortrefflicher Qualitaet, wovon man sonderlich schönes wohlgeschmaketes Brod machet.
QUELLE: Nicolin Sererhard, 1742, *«Einfalte Delineation aller Gemeinden gemeiner dreyen Bünden»,* Seite 123

Äschen

Schon als sechsjähriger Bub war ich Fischer. Den ganzen Tag einfach nur spielen, das ging nicht. Mein Nachbar Michel Just, ein lieber Mensch, zeigte mir, wie man mit Reisigbündeln professionell Fische fing. Jedes Jahr am 16. April, fast immer auf den Tag, kamen Riesenschwärme von Äschen von der Donau her durch das Inntal herauf zum Laichen. Das waren so viele Fische, da hat der Inn gesotten. Zwischen dem 10. und 15. Mai haben sie dann gelaicht, bis hinauf nach Scuol, auch in den Seitenbächen und besonders bei Strada in den Auettas.

Dort, wo das Wasser ein bisschen trüb war, verankerten wir «die Reis», wenn man die Bündel nach einer Weile herauszog, waren sie voll grosser Äschen, vereinzelt waren auch Forellen dabei. Ich schichtete den Fang in eine Zeine, brachte die Fische meiner Grossmutter, die sie schön putzte, denn die Äschen haben grosse Schuppen. Sie wurden ausgeweidet, eingesalzen und im Keller in einem grossen Fass gelagert. So verloren die Fische das Wasser und wurden dünner und dünner. Um sie dann im Winter zu essen, warf man sie zuerst in den Brunnen, innerhalb von zwei Tagen war das Salz draussen, und die Fische waren wieder gross. Dann briet die Grossmutter die Äschen oder machte eine Suppe, eine feine Bouillon mit etwas Zwiebeln und Kabis.

Als Buben fingen wir die Fische oft auch nur mit einem langen Stecken und einem aufgesetzten Nagel, womit wir sie im trüben Wasser aufspiessten und zack herauszogen. Hungrig wie wir waren, wurden sie sofort gekocht. Wir machten ein Feuer am Fluss, die Fische wickelten wir in «Schweinsblätter», Pestwurz. dann gruben wir kleine Löcher in den glühenden Sand, schoben die Fische hinein – schon waren sie gebacken, und es gab ein fürstliches Essen. Das waren Zeiten, reiche Zeiten. Längst kommen keine Äschen mehr. Das hängt mit dem grossen Wasserkraftwerk bei Prutz oberhalb Landeck zusammen, das in den Sechzigerjahren gebaut wurde.

Weniger Fische
Im oberen Inn gab es 1920 noch 14 Fischarten: Schleie, Rotfeder, Barbe, Steinbeisser, Aalraupe, Pfrille, Schmerle, Bachforelle, Huchen, Äsche, Nase, Strömer, Laube, Koppe. Heute finden sich nur noch vier Fischarten, die sich im oberen Inn selbst reproduzieren, nämlich die Äsche, die Bachforelle, die eingebürgerte Regenbogenforelle und der Bachsaibling. Die Ursachen für diesen Artenrückgang liegen klar in der rigorosen Verbauung des Flusssystems durch Kraftwerksanlagen, in der Flussregulierung und in der Verbauung der einmündenden Seitenbäche (...) Vorbei sind die Laichzüge der Äschen, die im neunzehnten Jahrhundert noch bis ins Engadin hinaufgewandert sind und dort am Lostag, nämlich am 16. April, um vier Uhr nachmittags in so grossen Schwärmen eingetroffen sein sollen, dass das Wasser zu kochen schien. QUELLE: *Bernhard Kathan, «Verschwundene und seltene Gäste der Speisekarte», 1992*

In den Gondas

Früh lernte ich auch jagen. Mein Grossvater trug stets Wadenbinden, denn er hatte Krampfadern an den Beinen und Mühe mit Gehen. Dies war der Grund, dass er mir als siebenjährigem Bub erklärte: «Von den Gämsen oben in den Gondas sollte man schon ab und zu eine holen für uns!» Und er zeigte mir, wie man mit der Flinte schoss. Sie hatte nur einen Lauf. Die Patronen füllte der Grossvater selber mit Schwarzpulver, die erzeugten einen kolossalen Knall und einen grässlichen Qualm. Der Grossvater verriet mir auch, wie man Holzpfeile fabrizierte und diese mit der Peitsche abschiessen konnte. Ich ging zum Schmied nach Ramosch, machte selber Nägel, mit Harz fixierte ich die Metallspitzen dann im Pfeilschaft. «Aber wenn du schiesst», sagte mir der Grossvater, musst du jene ohne Krickel erlegen, die sind besser zum Essen». Und ich habe sie geholt.

In der langen Geröllrinne oberhalb Raschvella weideten am Abend die Gämsen. Die übermütigen Gamskitze flitzten hinauf und sprangen herunter, Salto mortale vorwärts und rückwärts, und so waren sie fast leichter mit dem Pfeil als mit der Flinte zu schiessen. Aus nur wenigen Metern Entfernung konnte ich sie erlegen. Kinder können schon grausam sein – ich traf diese armen Tierchen in die Brust, den Bauch, sie schrien auf, das Muttertier kam und floh wieder, wie ich mich zeigte. Mit einem Schlag auf den Schädel betäubte ich die Kitze, an den Beinen zog ich sie hinunter zum Grossvater. Eines Tages überraschte mich der Jagdaufseher Neuhaus beim Freveln und drohte: «Wenn ich dich noch einmal erwische, kriegst du eins um die Ohren.»

Claïn

Kurzes Schuljahr
Schon zu Beginn des 19. Jahrhunderts, in der Zeit von 1800 bis 1820, existierte in fast jeder Bündner Gemeinde eine Schule. Nur waren diese vielerorts ungenügend bestellt und schwach besucht. Unregelmässiger Unterrichtsbesuch war damals verbreitet: Tage-, ja wochenlang blieben die Schüler zu Hause. Die Schuldauer betrug in jener Zeit durchschnittlich 15 bis 20 Wochen pro Jahr. Bloss zehn Gemeinden führten Jahresschulen. QUELLE: *Peter Metz, «Geschichte des Kantons Graubünden», Band III, 1993, Seite 459*

Am ersten Schultag weigerte ich mich, nach Ramosch zu gehen, weil ich mich nicht ins Dorf getraute. Das hatten meine Grosseltern vorausgesehen und meinen Götti mit seinem Ross nach Raschvella bestellt. Auf der Mistbäna, dem Fuhrwerk, das sonst Mist transportierte, brachte er mich nach Ramosch.

Vor dem Schulhaus wurde ich abgeladen, Schüler und Lehrer schauten, kamen auf mich zu, ich ergriff sofort die Flucht und rannte so schnell ich konnte nach Raschvella zurück. Am nächsten Tag standen Götti, Pferd und Fuhrwerk schon wieder vor dem Haus. Die zweite Überführung gelang, mein Götti nahm mich am Kragen und setzte mich in die Schulbank. Mit seinem warmen Wesen verstand es Lehrer Andrea Semadeni, mir meine Scheu zu nehmen. Er nannte mich freundlich immer nur «Claïn». Und zum Erstklässler mit dem anderthalbstündigen Schulweg sagte er: «Gell, Claïn, wenn du einmal Kopfschmerzen hast, ein bisschen Halsweh oder Husten, dann tut dir der lange Weg nicht gut, dann bleibst du lieber daheim und übst einfach zuhause.» Am nächsten Tag hatte ich bereits ein wenig Kopfschmerzen. Wieder in der Klasse, fragte mich der Lehrer nie, wo ich gewesen sei; er nahm mich nach vorne, gab mir Spezialunterricht, zeigte mir mit Tafel und Griffel den Buchstaben B, den sie am Vortag gerade gelernt hatten.

Im Winter lag häufig mehr als ein Meter Schnee. Damals hatte ich kurze Hosen an und gestrickte Strümpfe bis übers Knie mit einem Gummiband, keine Unterhosen. So watete ich fast bis zum Bauch durch den Schnee Richtung Ramosch, mit den Händen wärmte ich den Zipfel, damit der nicht abfror. Kurz nach Raschvella befinden sich zwei gefährliche Lawinenzüge. Nach Schneefällen fegen da Staublawinen herunter, und du bist tot. Grundlawinen sind langsamer, da konnte man sich in der Regel in Sicherheit bringen. Mein Grossvater hatte eine gute Nase. Wenn es kritisch war, schickte er mich talauswärts nach San Niclà, um über die dortige Brücke auf die Hauptstrasse zu gelangen. Aber mir war das zu weit. Meine Abkürzung führte über den zugefrorenen Inn. Den Fluss über dieses trügerische Eis zu überqueren, war gefährlich, denn der Schnee verdeckte die Sicht auf brüchige Stellen. Ich riskierte es trotzdem, auf Anraten meines Grossvaters folgte ich jeweils der Spur eines Fuchses.

Wenn ich dann endlich in der Schule war und die schweren Tricounischuhe auszog, hatte sich auf der Innensohle fast immer eine Eisschicht gebildet wegen der Metallbeschläge, die die Kälte direkt in die Schuhe leiteten. Eigentlich war der Schulweg, die eine Strecke fünf Kilometer, eine verdammte Schinderei. Ich hätte durchaus auch bei meiner Ramoscher Nona, der Mutter meiner Mutter, wohnen können, doch ich war halt viel lieber in Raschvella. Das Mittagessen nahm ich aber oft bei ihr ein. Nach ihrem Tod ass ich bei einer Tante.

Allgemeine Schulpflicht
Mit der ersten Schulordnung von 1846 wurde in Graubünden die allgemeine Schulpflicht für «jedes körperlich und geistig gesunde Kind» propagiert. Diese legte in groben Zügen auch die Unterrichtsgegenstände der Jahres- oder Winter- und Repetierschulen fest. Die Schulordnung forderte ferner, «dass genügende und vorschriftsgemässe Schullokale zur Verfügung gestellt und mit den nöthigen Geräthschaften und Lehrmitteln versehen werden». Der Schulbesuch war danach zwischen dem siebten und vierzehnten Altersjahr kantonal verbindlich. 1852 setzte der Kanton die Schuldauer auf mindestens fünf Monate fest. Ein erster Lehrplan folgte 1856. 1867 verlängerte der Grosse Rat diese Minimalschulzeit auf 24 Wochen. 1904 sprach sich das Bündner Volk für 28 Wochen bei acht Schuljahren und 26 Wochen bei neun Schuljahren aus. Erst 1925 aber verfügen alle Lehrkräfte, darunter zunehmend Frauen, über ein Lehrpatent. Per Gesetz vom 10. September 1933 wurden auch die Schulpflicht auf mindestens acht Jahre und die Schuldauer auf mindestens 28 Wochen ausgedehnt.
QUELLE: Peter Metz, «Geschichte des Kantons Graubünden», Band III, 1993, Seite 459

Lehrer Andrea Semadeni mit Ramoscher Schulklassen der Jahrgänge 1922 bis 1924. Hinten: Lüzza Mischol, Bin Nogler, Flurin Christoffel, Not Luzzi. Mitte: Annamengia Puorger, Berta Christoffel, Clara Mathieu, Nonnina Kienz, Maria Angelini, Annatina Denoth. Vorne: Jachen Denoth, Michel Mathieu, Cla Famos, Peder Mischol, Schimun Nogler, Talina Mayer.

Sudrüm

Ich muss nochmals auf meinen Schulweg zu sprechen kommen. Zweifellos waren diese Fussmärsche mein lehrreichstes Schulfach. Unzählige Male ging ich den scheinbar immer gleichen Weg, aber immer war er anders. Die Erkenntnis, dass man nicht zweimal in den gleichen Fluss steigen kann, ist mir seit meiner Kindheit vertraut. Auch dramatische Ereignisse zeigten mir dies, etwa der «sudrüm», der Eistrieb, der mich ahnungslosen Schüler mitten im Winter beinahe verschlungen hätte.

Vermutlich war es Ende Februar, ein ungewohnt heftiger Wärmeeinbruch hatte dazu geführt, dass auch nachts das Schmelzwasser von den Dächern tropfte. Ich war auf dem Weg zur Schule und schritt in Resgia unterhalb Ramosch auf die Inn-Brücke zu. Da hörte ich ein plötzliches Getöse, ich dachte an eine Lawine, rannte auf die Brücke und sah wie flussaufwärts krachend das Eis kam. Ich floh instinktiv, brachte mich in Sicherheit, und mit einem Mordsspass schaute ich auf die dröhnenden Schollen, die Brücke wankte, begleitet von einem Rumpeln und Rumoren, und weg war sie.

Seinerzeit war der Inn in der kalten Jahreszeit immer vereist, das ist heute nicht mehr der Fall. Zum Glück aber gab es nicht jeden Winter einen «sudrüm», denn im darauffolgenden Sommer fing man jeweils fast keine Fische. Als Erinnerung an dieses Ereignis habe ich in Raschvella ein Dutzend wunderschöne handgeschmiedete Nägel aufbewahrt, die ich damals mit einer Axt aus dem geborstenen Gebälk der Brücke herausgeholt hatte.

Eisbrüche

Die Bruken dieses Lands müssen etwas höcher ob dem Wasser stehen, als anderer Orten, wegen der allso genannten quadrums, das ist der Eiß Brüchen oder Stösen welche Winters Zeit bisweiln mit vollen Flutten daher rauschen, daß man sie nicht ohne Entsezen und Verwunderung ansehen kann, und die Bruken wegstosen würden, wann sie nicht wohl erhöchet stuhnden. Diese Eys-Brüch entstehen, wann etwann ein gelindes Thau-Wetter einfallet, und an einigen Orten sich das Eys, mit welchem die Landflüsse überzogen werden, von seiner Stelle solvirt, welche ledig gemachte Eißstüker durch ihre schnell widerholte Agitationen im Wasser mit ungestühmer Bewegung (…) im Fluß abbrechen und loßmachen, bis sie durch das nachtreibende Waßer und ihre Last so viel Nachtrieb und Gewalt bekommen, daß ihnen alles Fluß-Eiß, das den Fluß hinunder vor ihnen sich findet, ihrer Gewalt weichen muß, (…) das es etwas entsezliches ist, (…) dz bey daher rauschendem Schwall solcher Eißplatten an manchen Orten, wo die Ufer etwas breiter und niedriger sind, bey viel 100 000 solcher Eißstüker auf die Seiten ausgeschmissen werden (…), sonst wurde dem Gewalt solcher Eisstösen nichts wiederstehen mögen und ohne Zweifel mehrerer Schaden erfolgen. QUELLE: *Nicolin Sererhard, 1742, «Einfalte Delineation aller Gemeinden gemeiner dreyen Bünden», Seite 99*

Alfons

Von Raschvella aus hatte ich Sichtkontakt mit meinem Schulfreund Alfons. Sein Elternhaus stand auf der gegenüberliegenden Talseite in der kleinen Siedlung Seraplana, die wie Raschvella zur Gemeinde Ramosch gehört.
Wir waren übereingekommen, unseren Schulbesuch zu koordinieren, dazu bedienten wir uns akustischer Zeichen. Wir besassen beide ein grosses Horn von einem Geissbock, anhand eines speziellen Signals nahmen wir Verbindung auf und je nach Tonhöhe und -länge vereinbarten wir, ob wir zu Hause bleiben oder zur Schule gehen wollten. An ‹Schultagen› wartete jeweils der eine auf den andern oberhalb der Brücke bei Resgia, von dort zottelten wir dann gemeinsam Richtung Ramosch.

Die ersten drei Schuljahre beim Lehrer Semadeni waren für mich goldene Zeiten. Nachher kam ich zu Lehrer Christoffel, ein böser Mensch. Er hatte Krach mit der halben Gemeinde und auch mit den Schülern. Schon am ersten Tag sagte er zu mir, damit sei jetzt Schluss, dass ich nach Lust und Laune in der Schule erscheine. «Bei mir kommst du jeden Tag», befahl er, «bist du am Morgen nicht pünktlich, wirst du bestraft.» Für mich war das eine Kampfansage, er war der Gessler und ich der Tell.

Unten am Inn hatten Waldarbeiter mit einem Holzschlag begonnen, mein Schulweg führte an ihnen vorbei. Da war der Georg Denoth, ein interessanter Typ, und ein Ulrich Koch, der Dritte kommt mir jetzt nicht mehr in den Sinn. Der Georg sagte zu mir: «Claïn, komm her und bleib bei uns, du kannst das Mittagessen für uns machen.» Jeder hatte seine eigene «marenda» zum Aufwärmen mitgebracht, Rösti oder Polenta, aber da war nur eine Pfanne. Das gab zu tun, und dann war ich auch noch Kaffeekoch, das war lustig. Ich war ein guter Koch, sonst hätten die mich zum Teufel gejagt. So ging ich etliche Tage nicht mehr zur Schule.

Hörner
Naturgemäss lassen sich die ursprünglichen Triebkräfte und Zweckbindungen volkstümlicher Musik am besten an den primitiven Musikinstrumenten erkennen, die in der Kunstmusik kaum verwendet werden. (...) Keines dieser primitiven Tongeräte ist nur der Schweiz eigen, vielmehr gehören die meisten zum Urbesitz vieler Völker. (...) Als naturgegebenes Blasinstrument brauchen die Hirten aller Zeiten und aller Zonen das Ziegen-, Schaf- oder Kuhhorn als das ursprüngliche «Horn». Sein heulender Ton, der ohne Mundstück mit gespannten Lippen erzeugt wird, ruft noch heute in unseren Alpendörfern an jedem Sommermorgen die Ziegen zusammen; einst haben ähnliche Hörner – der Uristier und Rolandshörner – zur Schlacht gerufen. QUELLE: *Richard Weiss, «Volkskunde der Schweiz», 1946, Seiten 224 und 228*

Laviner Grond

Eines Vormittags kam der Zollinger, der transportierte das Holz zur Säge, sein Ross hatte er in Raschvella stationiert. Er sagte zu mir, gut, dass ich heute nicht zur Schule gegangen sei, denn beim Laviner Grond sei eine Riesenlawine ins Tal gekommen. Tatsächlich hatten die gewaltigen Schneemassen auf einer Breite von etwa 500 Metern den ganzen Wald wegrasiert.

An diesem Tag sass mein Freund Alfons von Seraplana allein in der Bank. Lehrer Christoffel wurde stutzig – entweder kamen beide oder es kam keiner. Er fragte nach mir, und wie Alfons von einem grossen Lawinenniedergang berichtete, ging der Lehrer zu Tante Mathilda. Sie telefonierte nach Raschvella, mein Grossvater war damals einer der wenigen, der bereits ein Telefon besass. Meine Grosseltern aber glaubten mich in der Schule. So machte sich halb Ramosch auf die Socken, um mich mit Pickel und Schaufel zu suchen. Als die Ramoscher Rettungskolonne das Ausmass der Lawine sah, wurde die Suche eingestellt und ich für tot erklärt.

Meine armen Grosseltern. Sie wussten nicht, wie sie die Todesnachricht nach Foggia übermitteln sollten. Immer am Freitag kochte die Nona «bizoccals», die hatte ich fürs Leben gern, für die kam ich sogar früher heim. Aber der Tisch war leer, keine «bizoccals», die Grossmutter stand tränenüberströmt in der Küche. Als sie mich endlich bemerkte, den lebendigen Buben, weinte sie vor Freude, und auch der Grossvater im Stall hatte Tränen.

Va a giovar!

Jetzt schlug Gesslers Stunde. Lehrer Christoffel intervenierte, ich hatte vor dem Schulrat zu erscheinen. Diese Sitzung hätte man filmen sollen, das wäre ein Kassenschlager geworden. Im Schulrat waren mein Götti und der Waldarbeiter Georg Denoth, für den ich die Rösti gekocht hatte. Noch ein Cousin des Lehrers war da, beide aber waren böse miteinander verstritten. Zunächst ergriff Lehrer Christoffel das Wort und legte meinen Verstoss gegen die Ordnung dar. Meine Mitschüler warteten auf dem Pausenplatz, alle wussten, der Cla war vor den Schulrat zitiert worden, und sie wollten sehen, ob ich gehenkt würde.

Mein Götti erklärte, dass auch sie als Kinder von Raschvella öfters von der Schule ferngeblieben seien, deswegen hätten sie im Leben nicht versagt. Und zu «magister» Christoffel, damals waren auch die Lehrer noch Bauern, sagte er: «Jetzt vergleiche einmal meinen Betrieb mit deinen zwei mageren Kühen, ich habe etwas erreicht!» Waldarbeiter Denoth stichelte, was er da unterrichte, tauge sowieso nichts, das sehe er an sich selbst, längst habe er alles wieder vergessen. Er zeigte auf mich und sprach: «Ihr solltet einmal sehen, wie der Cla Kaffee, Polenta und Rösti für uns kocht, das klappt, der lernt etwas bei uns.» Jetzt fuhr Christoffels Cousin dazwischen und schrie den Magister an: «Du bist ein Lump, ein Lügner, du hast mich mit deiner Wiese betrogen.» Schliesslich befürchtete mein Götti eine Schlägerei, führte mich zur Tür und wünschte, dass ich spielen gehe: «Va a giovar!»

Gebot für Lehrer
Gemäss der Schulordung des Kantons Graubünden von 1859 wurde den Lehrern eingeschärft, ihre Schüler mit Milde und Ernst, unter Vermeidung unziemlicher Worte und Tätlichkeiten zu behandeln. Gemeindeschulräte hatten den Gang der Schule zu beaufsichtigen. Diese erste mit verbindlicher Kraft ausgestattete bündnerische Schulordnung griff tief in die Autonomie der Gemeinden ein. (...) Sie erwies sich als lebenskräftig, denn sie besteht mit den zeitgemässen Ergänzungen und Abänderungen noch heute.
QUELLE: Friedrich Pieth, «Bündnergeschichte», 1945, Seite 458

Sonderfall Berggebiet
Der Lehrer hat oft ganze Wochen keine vollzähligen Klassen oder muss den Unterricht einstellen, weil die Wege tief verschneit sind und Lawinen drohen. Es ist also klar, dass Graubünden viele Schulen, viele kleine und sogar kleinste Schulen hat und halten muss. (...) In Graubünden gibt es noch Schulen – sie sterben freilich rasch aus –, die ein einziges Zeugnis am Schluss der Schulzeit ausstellen. (Ich habe nicht gehört, dass sich das sanitarisch ungüstig auswirke.) Die kantonale Schulordnung stammt nämlich aus dem Jahre 1859; sie empfiehlt die Ausstellung von Zeugnissen dringlich, schreibt sie aber nicht vor. Dieses Schulgesetz ist in Einzelheiten veraltet, aber in seinem Geist und seiner Grundhaltung sehr nachahmungswert. Möchten die neuen Architekten die Grundmauern stehen lassen. QUELLE: Martin Schmid, «Bekanntes und unbekanntes Graubünden», 1953, Seite 42f.

Damals hatte die Schule natürlich nicht den gleichen Stellenwert wie heute. Es gab so etwas wie die flexible Schulzeit. Im Herbst, wenn die Kartoffeln unter Dach waren, ging der «mas-chalch», der Ausrufer, durchs Dorf und gab allen den Schulbeginn am Montag bekannt: «Lündeschdi cumainza la scoula.» Und im Frühling, sobald die Wiesen ein bisschen grün waren, mussten wir die Geissen hüten, und andere Kinder mussten Steine zusammenlesen auf den Wiesen. Also sprach der Lehrer: «So, jetzt, ab morgen haben wir keine Schule mehr. Fertig.» Man bekam noch schnell das Zeugnis und steckte es fast unbesehen in den Schulrucksack; ich hatte ein ganz primitives Rucksäcklein, das muss ich dir einmal zeigen. Dann hat dich einer gefragt, ob du promoviert seist? «Mo, ich weiss nicht?» Das stehe im Zeugnis, ich solle doch einmal schauen. «Tatsächlich, ich bin promoviert, und du?» – «Ich, nicht.» – «Oh, dann kannst du noch einmal in die dritte Klasse und hast es schöner als wir in der vierten.» Das war damals keine Tragödie. Auch wenn einer nur bis in die siebte Klasse kam, ging es ihm später vielleicht weit besser als einem, der im Zeugnis einst lauter Sechser hatte.

Tschüffatalpas

Bereits als Erstklässler fingen wir Maulwürfe, um ein bisschen Geld zu verdienen. Ich hatte eine unverschämte Routine, und die Ramoscher gaben mir den Übernamen «tschüffatalpas», Maulwurffänger. Es existierten zweierlei Fallen: Jene für fünzehn Rappen mit dem Ring, dann die für dreissig Rappen, die schlug von oben herunter. Einmal passierte meinem Freund Alfons und mir etwas Trauriges und Komisches zugleich. Wir gingen zum «capo» nach Ramosch, um die Prämie zu kassieren. Wie üblich betraten wir beim Gemeindepräsidenten Jachen Vonmoos den Hausgang und schrien: «Olaa! Olaa!» Aber da war kein Jachen. Wir gingen hinüber zum Stall, riefen abermals. Da erschien die arme Mengia, seine Frau. Wir grüssten und fragten nach Jachen: «Bun di, duonna Mengia, ingio es Jachen?» Weinend antwortete sie, er sei heute gestorben. Der Alfons wie vom Blitz getroffen: «Ja, wer gibt uns jetzt die dreissig Rappen?» Das war damals viel Geld. Für zwanzig Rappen gab es einen Cervelat, den teilten wir uns, und für den Zehner bekamen wir erst noch einen Sack Spanische Nüssli.

Vor ein paar Jahren wühlten Maulwürfe direkt vor meinem Haus in Raschvella. Ich ging nach Tschlin, um bei einem alten Mann Fallen zu kaufen. Ich erkundigte mich, ob er die für fünfzehn oder dreissig Rappen habe? Er lachte: «Die Dreissigräppige, aber sie kostet fünf Franken!»

Maulwürfe
Den einheimischen Maulwurf (Talpa europea) findet man in Europa bis hin nach Mittelasien. Körperlänge: 12 bis 17 Zentimeter; dunkelgraues, auch bräunliches bis schwarzes Fell; 2 bis 4,5 Zentimeter langer Schwanz; zugespitzter Kopf; spezielle Grabwerkzeuge an den Vordergliedmassen. Der Maulwurf schaufelt bei der Nahrungssuche (etwa Regenwürmer, Käfer, Insektenlarven) umfangreiche unterirdische Gangsysteme mit Kammern (Nestkammern und im Winter auch Vorratskammern), wobei er einen Teil der gelockerten Erde von Zeit zu Zeit, rückwärtsgehend, aus dem Röhrenausgang befördert (Maulwurfshügel). – Der Maulwurf kann schnell graben und schnell laufen, er ist stoffwechselbedingt ein Vielfrass. Maulwürfe können nützlich sein (durch Vertilgung schädlicher Bodeninsekten) oder schädlich sein (durch Wühlen in den Kulturen). Geschichte: Die Lebensweise der Maulwürfe galt in der Antike als Zeichen ihrer Verbindung zu bösen Mächten. Im Volksglauben ist die Meinung verbreitet, dass in einem Beutel aus Maulwurfsfell das Geld nicht ausgehe. QUELLE: *«Meyers Enzyklopädisches Lexikon»*

Schon als Bub hatte ich die Manie zum Klettern, das war meine Sucht. Direkt oberhalb von Raschvella befand sich meine Wand. Regelmässig verstieg ich mich in diesen Felsen. «Ja, ufa goot s, aber aba nümma». Schaffte ich es nicht mehr hinunter, schrie ich um Hilfe, stets kam mein Nachbar Michel mit einem Seil und rettete mich aus meiner Not. Und immer sagte er, das sei garantiert das letzte Mal, dass er mich hier herunterhole. Der Michel war ein sehr lieber Mensch, für mich wie ein zweiter Vater, ich war auch sonst oft mit ihm zusammen.

Mengia

Eine traurige Erinnerung habe ich an unsere Nachbarin Mengia. Die heutige Ruine unterhalb Raschvella war in meiner Kindheit ein noch bewohntes kleines Haus. Hier lebte sie. Sie war furchtbar arm. Und sie soff. Kam sie zu Geld, gab sie mir eine Flasche, und ich musste für sie in Strada Petrol besorgen. Stell dir vor, das hat sie getrunken. Ihr tristes Leben nahm ein plötzliches Ende. An einem Wintertag schlachtete der Grossvater ein Schwein. Fein säuberlich zerlegte er das Tier, das viele Fett wurde ausgesotten. Zurück blieben die «tschotschlas», ausgelassenes Schmalz, auf Deutsch nennt man es, glaube ich, Grieben. Die Grossmutter füllte sie in Gläser ab. Beim Essen knirschen die «tschotschlas» zwischen den Zähnen, sie sind eine schwerverdauliche Speise, für mich aber heute noch ein Festessen.

Zwei Hände voll Grieben hüllte meine Grossmutter an jenem Tag in eine alte Zeitung, und sie schickte mich damit zur Nachbarin. Mengia war hocherfreut und bedankte sich überschwänglich. Doch am nächsten Morgen, als ich zur Schule ging, lag sie vor der Haustüre, am Boden. «Bist du umgefallen?», rief ich und wollte ihr helfen. Ich sah, dass sie die «tschotschlas» erbrochen hatte. «Mengia, Mengia! Oh, mein Gott!» Ich holte den Grossvater, er untersuchte und schüttelte sie und sagte zu mir: «Die Mengia ist gestorben.»

Vuolpina

Als Erstklässer war ich Geisshirt an den Hängen oberhalb von Raschvella. Da entdeckte ich eines Tages einen Fuchsbau. Ich versteckte mich im Gehölz, ich wollte wissen, ob er bewohnt war. Plötzlich waren da Welpen, sie balgten sich und schlugen Purzelbäume. Ich war hingerissen und wünschte mir ein solches Füchslein als Spielgenossen. Ich schichtete Steine vor die Höhle, nur ein kleines Loch wurde ausgespart. Mein geduldiges Passen lohnte sich. Am Schwanz erwischte ich einen Welpen, er fauchte wild und wehrte sich. Mit dem schreienden Balg lief ich zum Haus hinunter und liess das arme Füchslein erst im Keller wieder frei. Es versteckte sich im Dunkeln, ich baute ihm eine Behausung aus Holz und Karton, und als Willkommensmahl servierte ich ihm einen Maulwurf, dem ich die ‹Tapen› für die Prämie bereits abgenommen hatte. Am nächsten Tag war der Braten gefressen, und ich legte wieder Futter hin.

Das Füchslein wurde immer zutraulicher, liess sich streicheln, und bald schon folgte mir Vuolpina wie ein kleiner Hund. Er hatte Flöhe und ich Läuse, doch wir schliefen gemeinsam in meinem Bett, die Flöhe störten mich nicht und ihn meine Läuse wohl auch nicht. Er ass mit mir und war mein ständiger Begleiter. Wenn ich zur Schule ging, folgte er mir bis vors Dorf, und am Abend, wenn ich heimkehrte, sprang er plötzlich wieder aus den Stauden.

Ich war bereits über anderthalb Jahre mit meinem Füchslein zusammen, Vuolpina war mittlerweile ein ausgewachsener Fuchs. An einem Januartag kam mein Nachbar Michel zu uns, er war damals schon ein älterer Mann und fragte mich, ob ich zehn Rappen verdienen möchte? Ziemlich weit oben auf Plan da las Furmias habe er eine Marderfalle gestellt, da recht viel Schnee liege, sei ihm dieser Aufstieg zu streng. Damals wurde für ein Marderfell sehr viel bezahlt, viele Jäger stellten Fallen.

Mit meinem Füchslein stieg ich hinauf, ich fand die Falle, ein Marder war drin. Ich musste das Tier in einen Jutesack stossen und mit einem Schlag gegen einen Stein betäuben. Dann spannte ich die Falle wieder und legte etwas Futter dazu. Mein Fuchs wurde plötzlich ganz nervös, sprang hin und her, gab hohe Töne von sich, ein Winseln, das ich noch nie gehört hatte. Er leckte den Boden, streckte seine Nase in die Luft, und flugs verschwand er in einem Tobel. Mein Füchslein war ein Rüde, sein Instinkt führte ihn zu einer Füchsin. Ich weinte und rief: «Vuolpina, Vuolpina!» Tagelang war ich am Berg unterwegs und suchte nach meinem Freund. Für immer blieb er verschwunden, sein Verlust war für mich eine Tragödie. Noch heute kommen mir die Tränen.

Cla da Foggia

Meine Gedanken reisten fast täglich zu den Eltern
nach Italien, aber meine physische Welt waren die Berge.
Als ich einmal in Foggia in den Ferien weilte, nahm
ich mit den andern Buben und Mädchen an den Spiel-
und Sportanlässen teil, die unter Mussolini für die Jugend
organisiert wurden. Ich bekam ein schwarzes Hemd,
eine blaue Krawatte und eine Mütze. Der Gegensatz
zwischen meinem Alltag in Raschvella und diesen fulmi-
nanten Wettspielen hätte nicht grösser sein können.
In Ramosch nannten mich alle «Cla da Foggia», diesen
Übernamen bekam ich, weil es in der Schule noch
andere Buben gab, die Cla hiessen.

Erst in der fünften Klasse, so glaube ich mich zu erinnern, war ich das erste Mal in Scuol. Mit einigen andern
Buben aus dem Dorf ging ich dorthin, weil wir gehört
hatten, da gebe es gratis Mineralwasser. Einzig Vivi Cola
hatten wir schon getrunken, das konnte man im Dorfladen kaufen, aber das war für uns fast unerschwinglich.
Ehrfürchtig pilgerten wir nach Scuol und erkundigten
uns nach dem Weg zu den Mineralquellen. Beim Betreten
der Trinkhalle Nairs jagte man uns zum Teufel, das sei
nur für Gäste; man schickte uns zu den roten Steinen,
wo das Wasser direkt aus dem Boden fliesst. So landeten
wir bei der Sfondraz, das ist die ärgste Quelle. Die Sonne
brannte erbarmungslos an diesem Julisonntag, wir
hatten Durst und tranken munter drauflos, obwohl wir
es scheusslich fanden, aber man musste ja nichts
bezahlen. Die Mineralien taten ihre Wirkung, auf dem
Rückmarsch nach Ramosch, verschwanden wir alle
paar Meter hinter einem Baum.

Pätterstogg

Einmal im Jahr durfte ich mit dem Grossvater nach Österreich gehen, jeweils am 29. Juni, da war in Pfunds Pätterstogg und Markttag. Um vier Uhr mussten wir schon aus den Federn, die zwanzig Kilometer am St. Peterstag zu Fuss bis nach Pfunds hinunter und wieder zurück waren kein Sonntagsspaziergang. Auf dem Markt spielte die Blasmusik, Utensilien vor allem für die Landwirtschaft wurden feilgeboten, der Grossvater kaufte einen Wetzstein und vielleicht ein Seil. Und mir schenkte er eines Tages, jahrelang hatte ich davon geträumt, eine Handorgel, eine kleine, diatonische mit zwei Reihen und sechs oder acht Bässen. In Raschvella hatten wir zu jener Zeit einen Knecht aus Solingen, das war ein Zigeuner. Er kannte das Instrument ein bisschen und brachte mir einige Melodien auf der Handorgel bei. Ich hatte Ausdauer und spielte und spielte – fast immer die gleiche Melodie. Die Grossmutter schickte mich in den Gang, der Grossvater in den Stall, dort wurden selbst die Viecher verrückt.

Auch zur Orgelmusik in der Kirche habe ich eine Beziehung. Im Turnus mussten wir Buben den Blasbalg treten, denn die schönste Orgel nützt nichts ohne Wind in den Pfeifen. Beim Pumpen hinter der Orgel aber wurde unter uns Buben wild gekämpft, so dass der Teufel, wäre er zum Gottesdienst gekommen, seine helle Freude daran gehabt hätte.

Unterengadiner Volksmusik
Auch im Engadin gibt es Fahrende, Jenische, die im Verlauf des 19. Jahrhunderts halbwegs sesshaft wurden. Oft verschrien als «valanöglias e mulets» – als «Nichtsnutze und Kesselflicker» – wurden sie gleichwohl bewundert, denn sie machten wunderschöne Musik. Berühmt wurde der Geigenspieler Franz Waser (1858–1895) aus Tschlin. Er war seit Geburt blind, und schon als Bub durfte er in einem Kurhotel in St. Moritz zum Tanz aufspielen. Eine italienische Baronin nahm ihn zur Ausbildung nach Mailand mit. Doch den Jungen plagte das Heimweh, und er wollte nur mehr daheim spielen. – Seine Stammformation nannte sich «Ils Fränzlis», sie bestand aus einem Klarinettisten, einem Trompeter, einem Bassgeiger und dem Kapellmeister als Geiger. Die Fränzlis prägten einen eigenen Stil der schweizerischen Ländlermusik, deren wunderbare Klänge eine neue Fränzli-Formation aus Tschlin wieder aufleben lässt. Die drei Brüder Domenic (Klarinette), Duri (Kornett) und Curdin Janett (Kontrabass) zusammen mit Men Steiner (Violine) und Madlaina Janett (Bratsche) spielen die überlieferten Tänze und neue Musik mit grossem Erfolg.

Il ravarenda

Ich war kein frommer Bub, aber mit dem Pfarrer Vonmoos hatte ich ein Sonderverhältnis, er war ein lieber Mensch, ein «ravarenda» mit Humor. Auch zu seiner Tochter habe ich bis heute eine gute Verbindung, sie ist jetzt fast hundertjährig, ich besuche sie ab und zu im Altersheim und bringe ihr eine Forelle. Noch bevor ich zur Schule ging, besuchte ich manchmal meine Ramoscher Nona und spielte mit den Buben in den Gassen. Ich mag mich an etliche Begegnungen mit Pfarrer Vonmoos erinnern, die mich heute noch belustigen. Der Pfarrer: «Ah, chau, Claïn, bist du von Raschvella herüber gekommen?» – «Hai.» – «Ja? Dann müssen wir schauen, ob du ein braver Bub gewesen bist? Warst du brav, so gibt dir der Herrgott eine kleine Belohnung. Schauen wir einmal, ob du nicht gelogen hast?» Geheimnisvoll suchend fuhr er sich durch seinen buschigen Bart und zauberte eine kleine Schokolade hervor: «Ja, ja, wirklich, du bist ein braver gewesen!»

Auch als Schüler hatte ich ein tolles Verhältnis zu Pfarrer Vonmoos. Wenn ich ein Problem hatte, merkte er es und sagte, ich solle zu ihm kommen. In Ramosch besass ich eine ledige Tante, die dort bei meiner Grossmutter wohnte. Sie war böse, ich hasste diese Frau, hätte ihr am liebsten die Augen ausgekratzt und sie mir auch. Da bat ich sie einmal um Hilfe bei der Hausaufgabe für den Religionsunterricht. Sie habe keine Zeit, ich solle mit meinem Plunder verschwinden. Am andern Tag erklärte ich dem Pfarrer, ich hätte die Aufgabe nicht lösen können, und auch meine Tante Otilia nicht, sie habe zu mir nur gesagt: «Va cun quista merda!» – «Was hat sie gesagt?» Pfarrer Vonmoos gab uns eine stille Beschäftigung, verschwand aus dem Schulzimmer, und die Otilia hat etwas gehört. Ich aber auch, als ich von der Schule heimkam.

Schimun Vonmoos (1868–1940) war ein national bekannter Förderer des Romanischen, auch Schriftsteller und Übersetzer. Als Sohn eines Landwirts wuchs er in Ramosch auf. Er studierte Theologie in Heidelberg und war anschliessend bis zu seinem Tod als reformierter Pfarrer in seiner Heimatgemeinde Ramosch tätig. Hier schrieb Schimun Vonmoos auch rätoromanische Erzählungen und übersetzte Werke von Jeremias Gotthelf und Charles Ferdinand Ramuz ins Romanische. Pfarrer Vonmoos galt in der ersten Hälfte des 20. Jahrhunderts als einer der wichtigsten Kämpfer für die rätoromanische Sprache.

Pfarrer und Dichter
Die Ausstrahlungskraft von Schimun Vonmoos zeigt sich noch heute in seinem dichterischen Werk. Er hat seine Zeitgenossen wie kaum andere Erzähler angesprochen, und er wird immer noch gerne gelesen, (...). Man darf nicht vergessen, dass die geschriebene Sprache nach den verheissungsvollen Anfängen im Zeitalter der Reformation recht blass und blutarm geworden war und bedenklich unter italienischem Einfluss stand. Es galt den Weg zur natürlichen und eigenständigen Volkssprache zurückzufinden. Da hat Schimun Vonmoos mit feiner Intuition und wohl auch unter dem Einfluss eines Peider Lansel und der Philologen, welche damals die Schönheiten der rätischen Bauernsprache aufdeckten, versucht, eine schlichtere und volkstümlichere Prosa zu schreiben. Er fand den Weg zur Seele des Volkes. QUELLE: Jon Pult, in «Bedeutende Bündner aus fünf Jahrhunderten», 1970, Seite 450

Bacharia

Dorfbräuche
Brauchmässiger Alltag und festlicher Brauch durchdringen das ganze Volksleben. (...) Der Brauch hat das Verpflichtende nur innerhalb der ihn tragenden Gemeinschaft. Ein Dorfbrauch kann schon im Nachbardorf als lächerlich gelten, und wer von zu Hause fortkommt, beobachtet immer wieder mit Verwunderung, dass man die ihm selbstverständlichen und gewohnten Arbeiten und Verrichtungen auch auf ganz andere Art besorgen kann. «Wo s de Bruuch ischt, leit mer d Chue is Bett», so drückt der Volksmund die Relativität des Brauches in seiner Gemeinschafts- bzw. Ortsbezogenheit aus. QUELLE: *Richard Weiss, «Volkskunde der Schweiz», 1946, Seite 155*

Wenn ich an das Brauchtum meiner Kindheit zurückdenke, gab es manche lebenslustige Momente, in denen die Zeit stillzustehen schien und alles froh und heiter war. Sehnsüchtig erinnere ich mich an die «bacharia», die Metzgeta – für mich der schönste Tag im Jahr, da bin ich plötzlich wieder ein Bub. Meist im November schlachteten die Haushalte ihre Tiere, und die Kinder aus der nächsten Umgebung wurden zum Abendessen eingeladen. Es gab eine herrliche Fleischsuppe mit allem Drum und Dran. Ohren, Füsse, der Schwanz, ein schönes Stück feiner fettiger Speck, alles war drin. Dazu Sauerkraut und Kartoffeln, was wollte man mehr? Dann hast du einen halben Fuss gegessen, um den Schwanz haben wir gestritten oder um das Ohr, um die Füsse sowieso, die waren meist entzweigeschnitten. Noch heute ist das meine Lieblingsspeise. Für uns Kinder war das ein Mordsfest.

In Ramosch wurde auch ein «ballin» veranstaltet. Jahr für Jahr spielte der Jachen Prevost beim Kinderball im Schulhaus zum Tanz auf. Er beherrschte auf seiner Handorgel zwar nur ein Stück, die Melodie habe ich noch immer in den Ohren: «Tü, tüü, tü, tüü, tü, tüü…» Wir haben dazu im «piertan» getanzt, unablässig drehten wir uns im Hausgang im Kreis, einen ganzen Nachmittag lang, bis es dunkel wurde und hatten ein Riesengaudi. Der Jachen Prevost wurde sehr alt, erst vor ein paar Jahren ist er gestorben.

In schöner Erinnerung geblieben ist mir auch die so genannte «schlitrada», die ausgelassene Schlittenfahrt der Ramoscher Jugend hinunter nach Martina, die früher jährlich stattfand. Alle Bauern, die ein Pferd besassen, stellten sich als Kutscher zur Verfügung. Bei der Ankunft in unserem Nachbardorf wurde den Mädchen und Buben Tee und Kakao serviert, dann ging es in stiebender Fahrt wieder zurück nach Ramosch.

Mattinadas
Das romanische Sprachgebiet ist reich an alten, oft sinnreichen Gebräuchen heidnischer, römischer und altchristlicher Herkunft, die noch heute in den verschiedenen Talschaften gepflegt werden. (…) In Ramosch und Tschlin sind die «Mattinadas» das Fest des Jahres für Gross und Klein. Sie dauern drei Tage und werden heute – etwas vereinfacht und unserer Zeit angepasst – wie eh und je gefeiert. (…) Am 2. Januar ziehen die Kinder mit einem von den Mädchen mit Papierblumen geschmückten Schlitten durch das Dorf und sammeln die «mattinadas» (allerlei Hausgebäck). Am Mittag wird gespeist, am Nachmittag und am Abend getanzt. Um Mitternacht wird die Kinderschar wieder zu Tisch gebeten und bekommt Schlagrahm, «fuatscha grassa» und «grassins» (Engadiner Buttergebäck). QUELLE: *Manfred Gross, «Rätoromanisch: facts & figures», 2004, Seite 79*

Sauwiiber

Cla Famos war während acht Jahren Geisshirt in den steilen Hängen, die sich von Raschvella zum Piz Nair und Piz Ajüz erstrecken. Ich habe mit Cla viel übers Hirtendasein geredet, auch ich war zwölf Sommer lang Hirt auf den Valser Alpen und hütete Rinder und vor allem Schafe. Cla hingegen konnte wenig anfangen mit Schafen, seine Passion galt den Geissen.

Das einsame Hirtendasein ist nicht so spektakulär, dass sich laufend erzählenswerte Dinge ereignen. Der junge Cla hatte Tag für Tag die Aufgabe, die Ziegen von Seraplana und Raschvella einzusammeln, auf die Weide und dann abends wieder zum Melken ins Dorf zu treiben. Bis zum Herbst hatten sich die Tiere so an ihren Tagesablauf gewöhnt, dass sie oft selbständig wieder von den Weiden ins Tal kamen. So hatte Cla immerhin zwischendurch auch Zeit, um mit seinen Eltern und den beiden Schwestern zusammen zu sein, die von Mitte August bis Mitte September jeweils den Bergsommer in Ramosch verbrachten.

Beim Morgengrauen ging ich nach Seraplana hinüber, blies ins Horn, und die Bauern liessen ihre Geissen aus den Ställen. Dann trieb ich die Tiere zurück nach Raschvella, da war die Herde komplett. Im Turnus hatten mir die Bauern die «marenda» mitzugeben. Das Brot war gut, der Käse meist alt und er biss auf der Zunge. Ab und zu bekam ich ein kleines Stück Speck. Aber ich hatte oft Hunger. Um dem abzuhelfen, hatte ich einen kleinen Kessel bei mir, und am Berg molk ich – sonst hätten es die Bauern gemerkt – jeder Geiss ein bisschen Milch ab. Darin tunkte ich mein Brot, das war herrlich.

Ich hatte damals sehr eigensinnige Berggeissen
zu hüten, die sofort in die Höhe strebten, am liebsten
weideten sie wie die Gämsen hoch über der Waldgrenze.
Häufig waren sie zuoberst am Grat, wo unsere Weiden
die Reschner Alm berühren. Jahrelang respektierten meine
«chavras» die Grenze zum Südtirol. Aber die Reschner
hatten die grösseren und schöneren Böcke, und eines
Tages im August, als einige meiner Geissen bockig waren,
desertierten sie nach Italien, «dia Sauwiiber», und sind
mit den Tiroler Böcken ab. Einmal auf den Geschmack
gekommen, waren sie nicht mehr zu halten. Ich musste
ihnen nachstellen, und oft waren sie nicht zu finden.

Auf der Reschner Alm streuten die Hirten Salz für
die Kühe, auch das ging meinen Geissen nicht mehr aus
dem Kopf. So musste ich am Nachmittag oft zur Alm
hinuntersteigen, um meine Tiere wieder hinaufzutreiben,
mir war das recht. Der Senn hiess Seppl, und wenn
ich vorbeikam, fragte er mich: «Bua, hosch Hunger?» –
Und ich: «Jo, freili, hob i Hunger.» Er hatte sehr gutes
Brot, das ihm die Hausfrauen von Reschen pro Kuh
liefern mussten. Für mich legte er es in eine grosse Schale
mit Geissmilch, das war ein Genuss. Der Seppl hatte
Erbarmen mit mir, und manchmal schenkte er mir auch
noch ein Stücklein Speck.

Dorfgeissen
Den Heimziegen oder Herdenziegen sind im Sommer bestimmte, oft stundenweit entlegene Weidebezirke vorbehalten. Unter einem Hirten ziehen sie täglich dorthin und kehren am Abend mit ihrer Milch wieder ins Dorf zurück. Sie liefern den Leuten, welche keine Heimkühe halten oder besitzen, während der Alpzeit des Grossviehs ihre kräftige und gesunde Milch, ohne den Futtervorrat im Tal zu vermindern. In volkreichen oder armen Dörfern zählt die Ziegenherde oft weit über 100 Haupt, die jeden Morgen, wenn das Horn des Ziegenhirten durch die Gassen tönt, aus den Ställen gelassen werden, und vom Hirtenhund umbellt, mit Schellengebimmel eilig bergwärts ziehen. (…) Die jungen galten Ziegen werden an vielen Orten ohne Hirt ausgesetzt und in einem wilden felsigen Gebiet sich selber und ihren Launen überlassen. (…) Die Jungziegen, unternehmungslustiger als die Schafe, folgen den Gemsen in unwegsame Felsgebiete, so dass es im Herbst oft unmöglich ist, sie wieder einzufangen. QUELLE: *Richard Weiss, «Das Alpwesen Graubündens», 1941, Seite 66*

Put in gromma

Eines schönen Tages schickte mich der Grossvater auf die Alp Discholas über Ramosch, dort waren unsere Kühe. Ich sollte einen Ziger herunterholen. Gerade hatte ich nagelneue Tricounischuhe bekommen, ein richtiges Luxusmodell, mit denen stolzierte ich zur Alp hinauf. Rund um die Hütten lag viel Dreck und Mist, in einem weiten Bogen musste ich mich der Sennerei nähern.

Den ganzen Tag verbrachte ich auf Discholas, die Abläufe beim Käsen interessierten mich sehr. Als der Zusenn verkündete, es gebe «put in gromma» zum Znacht, sagte ich sofort: «Ja gern, dann schlafe ich da.» «Put in gromma» ist eine sehr schwere Speise: Man nimmt Rahm und Mehl, rührt intensiv, bis das Ganze braun wird in der Pfanne und sich im Fett schwimmende Brocken bilden. Ich ass und ass davon, wahrscheinlich viel zu viel. Wir legten uns schlafen, meine neuen Nagelschuhe lagen neben mir. Das Fett rumorte in meinem Magen, und in der Nacht träumte ich wild. Plötzlich ertönte ein Mordsgeschrei, jemand zündete die Sturmlaterne an, blutüberströmt sass der Kuhhirt mit einer Kopfwunde am Bettrand. In meinen Alpträumen hatte ich meinem Bettnachbarn mit dem Nagelschuh fast den Schädel eingeschlagen.

Trotz allem übergab mir der Senn am andern Morgen den Ziger, und ich machte mich mit meiner Last auf den Weg. Oberhalb Seraplana ist es fürchterlich steil. Bei einem kurzen Halt bekam ich unheimlich Lust, etwas Ziger zu probieren. Ich hatte am Vortag gesehen, wie der Senn Käse degustierte und ein tiefes Loch aus dem Laib stach, das er mit dem obersten Teil des Zapfens wieder verschloss. Mit dem Sackmesser wollte ich an meinem Zieger einen gleichen Eingriff vornehmen. Dem Grossvater würde ich sagen, der stamme von einer Probe des Senns. Ich klemmte den Ziger zwischen meine Beine und operierte und operierte, da entglitt mir der Klumpen, o Dio, im Garacho rollte er talwärts und zerstob. Einige Brocken las ich zusammen, riskierte aber nicht, damit nach Raschvella zurückzukehren. Ich floh zu meiner Grossmutter nach Ramosch und blieb dort mehrere Tage. In Raschvella erfuhr man, was passiert war. Schliesslich kam die Raschveller Grossmutter nach Ramosch, ich solle heimkommen, der Grossvater werde mir schon verzeihen.

Alpziger
Bis zum 15. Jahrhundert war auf den Alpen vorwiegend die Sauerkäserei bekannt. Dabei wurde die abgerahmte Vollmilch verarbeitet, was einen relativ fetten Ziger oder Sauerkäse ergab. Diese Produkte waren nur bedingt haltbar und erlitten Schäden auf längeren Transporten. Im 16.|17. Jahrhundert setzte sich dann die Labkäserei durch. Die kleineren Hartkäse waren im In- und Ausland beliebt, der Handel florierte, und aus ärmlichen Hirten konnten wohlhabende Küher werden. Von nun an wurde Ziger in der Regel nur noch aus der Käseschotte und der Buttermilch gewonnen. Er war Bestandteil des Hirtenlohns oder wurde von den Bauern zum Eigenbedarf verwendet; in den Handel kam nur wenig. (...) Heute wird Schottenziger hauptsächlich aus Plausch, Tradition, als Spezialität oder für Alpfeste hergestellt. QUELLE: *Giorgio Hösli und Chrigel Schläpfer, in: «Neues Handbuch Alp», 2005, Seite 236*

Mobilmachung
Als am 2. September 1939 die Generalmobilmachung der gesamten Armee erfolgte, was ohne die Nachstellungspflichtigen einen vorläufigen Totalbestand von rund 500 000 Mann ergab, hielten im bündnerischen Raum die Grenzschutztruppen die ihnen zugewiesenen Abschnitte schon besetzt. (...) Die Mobilmachung war in einem Zeitpunkt erfolgt, da die Landwirtschaft auf dem Höhepunkt ihrer Arbeitsbelastung stand: die Ernte musste eingebracht werden, die Alpentladungen waren unaufschiebbar, die Viehmärkte mussten den saisonalen Viehabsatz ermöglichen. Viele Bauernbetriebe blieben während langer Zeit verwaist und konnten nur notdürftig bewirtschaftet werden. Mancherorts herrschte bezüglich der Arbeitskräfte eine eigentliche Notlage. (...) Seit dem späteren Herbst des ersten Kriegsjahres wandte sich die Truppe vom Soldatischen (von der militärischen Ausbildung) weg der Errichtung von Feldbefestigungen zu. Parallel dazu lichteten sich die Mannschaftsstärken der Einheiten durch vermehrte landwirtschaftliche Urlaube einerseits und durch die Detachierung der Bauarbeiter zu Festungsbauten andererseits.
QUELLE: *Peter Metz, «Geschichte des Kantons Graubünden», Band III, 1993, Seiten 315–317*

Winter 1935, der elfjährige Cla auf «Palü suot» bei Sent.

Mit dem deutschen Überfall auf Polen am 1. September 1939 beginnt der Zweite Weltkrieg. Cla Famos kommt an diesem Tag mit seinen Geissen vom Berg herunter, die Leute sind in Aufruhr, für den 2. September hatte der Bundesrat den Befehl zur Generalmobilmachung erteilt. Viele Bauern mussten unverzüglich in die Armee einrücken. Die Frauen mit ihren Kindern hatten fortan zusammen mit der älteren Generation die ganze Arbeit auf dem Feld und im Stall selber zu verrichten.

Anton Famos, der Vater von Cla, weilt in jenen Wochen in Ramosch in den Ferien, und eigentlich hätte er noch auf die Hochjagd gehen wollen. Aus Sorge um seinen Betrieb in Italien aber, entscheidet er sich mit seiner Frau Leta und den beiden Töchtern nach Foggia zurückzukehren. Cla absolviert im ersten Kriegsjahr die Abschlussklasse in Ramosch, die Berufswahl steht an. Seine Eltern hegen den Wunsch, Cla möge doch eines Tages in Foggia in die Pasticceria Svizzera einsteigen. Im Herbst 1940 zieht Cla Famos nach Chur und besucht die Handelsabteilung der Bündner Kantonsschule. Er wohnt zunächst bei einer Tante, wechselt dann ins Konvikt, ins Internat der Kantonsschule.

Ich selber wohnte 25 Jahre später auch für drei Jahre im Konvikt, so konnte ich mit Cla Famos analoge Erinnerungen austauschen. Man kam im Konvikt mit Schülern aus allen Talschaften des Kantons zusammen und erlebte in mannigfaltiger Weise die sprachliche und kulturelle Vielfalt Graubündens. Im ersten Konviktjahr teilte ich das Zimmer mit zwei sehr geselligen Italienischbündnern, und schon bald war unser Zimmer die Piazza Grande der Schüler aus den Valli, wie die italienischsprachigen Bündner Südtäler genannt werden.

Matura mit Romanisch
Romanisch erschien erst zu Beginn des Ersten Weltkriegs im Lehrplan der Bündner Kantonsschule als fakultatives Fach. In langwierigen Etappen stieg es dann zum Obligatorium und schliesslich zum Promotionsfach auf. Seit dem Jahr 2000 ist es möglich eine zweisprachige Ausbildung mit entsprechender Maturität zu absolvieren: Schülerinnen und Schüler, deren Muttersprache (Erstsprache) Romanisch oder Italienisch ist, legen eine zweisprachige Maturität ab – rumantsch|tudestg oder italiano|tedesco. Dazu besuchen sie während der ganzen gymnasialen Ausbildungsdauer zwei Grundlagenfächer in Romanisch oder Italienisch.

Cla Famos,
Konfirmation
in Ramosch am
22. März 1940.

Konvikt

Ich sprach Romanisch und Italienisch, aber als ich nach Chur kam, war mein Deutsch noch sehr mangelhaft, vor allem schreiben konnte ich nur miserabel. Aber eigentlich war das ein Markenzeichen von uns Romanen – jene, die aus dem Engadin und dem Oberland kommen, reden nicht Deutsch. Das wussten die Professoren an der Kantonsschule, entsprechend wurde dann auch gedrückt und gepaukt, da waren sie dann schon tüchtig.

In der Stadt hatte ich Heimweh. Vielleicht weniger nach den Leuten zuhause, als nach den Gämsen, den Rehen, den Murmeltieren. Ich hatte oberhalb von Raschvella eine tote Gams gefunden mit unheimlich schönen Krickeln, 28 Zentimeter lang. Die nahm ich im Koffer mit nach Chur und stellte sie neben dem Bett auf. Am Abend schaute ich die Krickel an, und immer kämpfte ich mit den Tränen.

Zuerst wohnte ich bei einer Tante, da gab es fast nichts zu essen. Ich war unterernährt. Eines Tages musste ich zum Rektor, er schaute mir in die Augen, fragte mich, wo ich wohne? Schliesslich nahm er mit meinen Eltern Verbindung auf, sie einigten sich und schickten mich ins Konvikt.

Turnvater Graubündens
Der Kantonsschullehrer Johann Baptist Masüger gilt als der «Turnvater Graubündens». Am 5. Juni 1879 in Sarn geboren, verbrachte er seine Jugend als Bauernsohn am Heinzenberg. Er besuchte das Lehrerseminar in Chur, worauf er seine Studien am Polytechnikum und an der Universität Zürich als Sport- und Sekundarlehrer abschloss. Er unterrichtete kurze Zeit in Zuoz, dann zog es ihn nach Dänemark, wo er nach längerem Studium der nordischen Gymnastik ein Diplom erlangte. Von 1911 bis 1944 war er Turnlehrer an der Kantonsschule in Chur. In der Folge wurde er zum Förderer und Wegbereiter des Bündner Schulturnens (auch für Mädchen), aber auch des Erwachsenensports. Johann Baptist Masüger wurde weit über Graubünden hinaus wahrgenommen als Forscher, Sammler und Publizist; er leitete Kurse in der ganzen Schweiz und korrespondierte mit Wissenschaftlern in Skandinavien. Werke: «Leibesübungen in Graubünden einst und heute», 1946. Ferner «Schweizerbuch der alten Bewegungsspiele», 1955.
QUELLE: «Bedeutende Bündner aus fünf Jahrhunderten», Band II, 1970, Seiten 540–544

Mazzas

Mit Johann Baptist Masüger, dem Grossvater des Chefredaktors der Südostschweiz, hatte ich eine besondere Beziehung. Ich glaube, er unterrichtete uns in drei Fächern: Deutsch, Geografie und Turnen. Eines Tages erfuhr Masüger, dass ich Mazzas spielen konnte. «Ah, in Ramosch, hast du auch in Tschlin gespielt?» – «Ja.» – «Ja, und die zweite fuorcla», fragte mich Masüger, «kommst du da hinauf mit dem Schlag?» – Und ich: «Ja, sicher.»

Mazzas ist Ur-Golf. Mit einem 150 cm langen Holzstecken schlagen zwei Mannschaften hölzerne Kugeln mit 5 cm Durchmesser über die Felder, und es müssen bestimmte Objekte oder Ziele getroffen werden. Gespielt wird unmittelbar nach der Schneeschmelze, aber nur so lange es die Vegetation erlaubt. Anders als beim Golfspiel ist jeweils nicht ein Loch im Green das Ziel, sondern ein markanter Stein, ein Baum oder sonst eine exponierte Stelle.

Der Mazzasspieler Famos hatte plötzlich super Noten auch in Deutsch und Geografie – es war mir eine Art Heiligsprechung widerfahren; ich kann das Spiel jedem empfehlen, der Karriere machen möchte. Heute weiss ich, dass Johann Baptist Masüger sich zeitlebens für die sportliche Ertüchtigung der Jugend einsetzte und als der eigentliche ‹Turnvater Graubündens› gilt.

Allzulange hielt ich es in Chur zwischen vier Wänden nicht aus; ich war in der Natur aufgewachsen. Oft floh ich in den Wald, um Schulaufgaben unter einer Tanne zu machen, da war es mir wohl. An freien Tagen ging ich fischen und konnte so etwas Geld verdienen. Mit einem entliehenen Velo fuhr ich über Flims ins Oberland. Ich fing, so viele Fische wie ich auf meinen zwei Rädern transportieren konnte. In der Nähe vom Volkshaus in Chur verkaufte ich meinen Fang der Metzgerei Riffel für fünfzig Rappen pro Kilo.

Es war Krieg, anfangs der Vierzigerjahre, überall in der Stadt hingen Plakate, auf denen stand: «Die Heimat braucht Soldaten!» Die achtzehnjährigen Jünglinge wurden aufgefordert, sich freiwillig zu melden; mit fünf Mitschülern unserer Klasse entschloss ich mich, dem Appell zu folgen. In Bellinzona und Losone im Tessin absolvierte ich die Rekruten- und die Unteroffiziersschule und leistete meinen Aktivdienst schliesslich als Grenadierkorporal bei den Grenztruppen im Münstertal.

Foggia

Eigentlich hätte ich Offizier werden sollen. Dann stand in der Zeitung, dass die Alliierten von Nordafrika aus die Stadt Foggia fürchterlich bombardiert hätten. Ich hatte grosse Angst um meine Eltern. Es war unmöglich, nach Foggia zu telefonieren. Auch nach zehn Tagen wusste ich noch immer nicht, ob meine Mutter, mein Vater, meine Schwestern tot oder verwundet waren. Ich dachte, vielleicht brauchen sie Hilfe und meldete mich bei meinem Kommandanten Major Jaccard: «Meine Eltern sind in Not, ich gehe nicht in die Offiziersschule, ich muss nach Italien.» Er wollte dies unter keinen Umständen gutheissen, ich drohte mit Desertion. Jaccard erklärte mein Vorhaben als chancenlos, zeigte aber Verständnis und liess mich contre cœur marschieren.

Ich schlug mich durch, gelangte nach Foggia. Oh Gott, es war schrecklich, furchtbar, was ich sah. Foggia war mehrfach schwerst bombardiert worden. Zuerst im Juli durch strategische Angriffe auf den Bahnknotenpunkt und den Militärflugplatz ausserhalb der Stadt. Und als Finale legten die amerikanischen und englischen Bomber in der Nacht vom 24. auf den 25. August während zwölf Stunden einen Bombenteppich über Foggia, so dass Tausende Wohnungen zerstört wurden und fast ein Drittel der Bevölkerung ums Leben kam. Diese Brutalität, vor allem der Amerikaner, wühlt mich heute noch auf.

Die Bombardements von Foggia erfolgten im Vorfeld der Invasion der Alliierten auf das italienische Festland. Bereits am 10. Juli 1943 waren die Alliierten auf Sizilien gelandet. Am 25. Juli wurde Benito Mussolini mit königlicher Hilfe durch den Grossen Faschistischen Rat abgesetzt und daraufhin auf Anordnung von Vittorio Emanuele III. inhaftiert. Am 3. September landeten die Alliierten auf dem italienischen Festland, worauf am 8. September der Waffenstillstand bekannt gegeben wurde. Zwar gelang es den deutschen Verbündeten noch, Mussolini zu befreien und im Norden Italiens Stellung zu halten. Mitte Oktober erklärte Italien unter dem Einfluss der alliierten Streitkräfte Deutschland den Krieg. Italien war damit offiziell vom Verbündeten zum Kriegsgegner geworden. Deutsche Truppen besetzten Italien und begannen mit der Entwaffnung oder Gefangennahme der italienischen Streitkräfte, wurden in der Folge aber unter verlustreichen Kämpfen zunehmend von den Alliierten zurückgedrängt.

Tu sei di qui?

Ich irrte durch den Corso Vittorio Emanuele, suchte die Pasticceria Svizzera und sah nur Schutt und Asche, eingestürzte Mauern und fehlende Türen. Ich gelangte zum Haus und wähnte meine Lieben tot unter den Trümmern. Da wollte es ein aussergewöhnlicher Zufall, dass ich mitten auf dem Corso den Luigi traf, der als Pâtissier bei meinem Vater arbeitete. Ob er etwas über den Verbleib meiner Eltern wisse? Ja, sie hätten mit ihm die Bombardierungen in den Kellern der Banca di Napoli überlebt, seien aufs Land geflohen und versuchten anschliessend, sich in die Schweiz durchzuschlagen.

Auf ihrem Fluchtweg konnte ich sie nicht suchen. Ich war auf eine beschwerliche Rückreise von Süditalien in die Schweiz gefasst, viele Eisenbahnabschnitte waren unterbrochen. In Etappen gelangte ich erst einmal nach Rimini. Ausserhalb der Stadt verbrachte ich die Nacht in einem Wald. In den Morgenstunden sah ich auf einem Feldweg eine lange Kolonne von Lastwagen der deutschen Wehrmacht vorbeirollen, vermutlich suchten sie Schutz vor Angriffen aus der Luft. Da kam mir der Gedanke, heimlich auf eines dieser Vehikel aufzuspringen.

Unerwartet stand ein Mann neben mir und war selber erstaunt, einen Unbekannten anzutreffen: «Ciao, tu sei di qui?» Er war bewaffnet, hatte eine Beretta umgehängt, und mir ging durch den Kopf: Das ist ein Partisan! Er stellte eine Reihe von Fragen, was ich tue, zu wem ich gehöre? Ich zögerte nicht und sagte, ich sei auch Partisan mit einer geheimen Botschaft und Mission und dürfe nichts sagen. Er bedeutete mir mit seiner Maschinenpistole, ihm zu folgen. Dabei fing ich an, mit ihm über dieses und jenes zu reden, wie sie es hätten, das Essen, die Frauen. Die Gelegenheit kam, und ich schlug ihn nieder, ich entriss ihm die Beretta und verschwand.

Maschinenpistole
Die Beretta M1938, auch bekannt als MAB 38 (Moschetto Automatico Beretta), war eine italienische Maschinenpistole. (...) Die Waffe wurde beim italienischen Heer eingeführt und erwies sich als robust und zuverlässig. Lieferungen gingen zudem an die deutsche Wehrmacht, wo sie als Maschinenpistole 738(i) geführt wurde. Die Produktion wurde noch lange nach dem Zweiten Weltkrieg fortgesetzt, die letzten Exemplare verblieben bis in die Siebzigerjahre im Einsatz des italienischen Militärs.
QUELLE: *Beretta M1938*, *wikipedia*

Revair

Zufluchtsort
Raschvélla (Ramosch) Weiler, urkundlich 1370 *Rastuelle*, *Raschuella*, 1520 *Raschuella*, 1571 *Retzfella, id est receptiuncula* (Campell, Topographie von Graubünden, Seite 219), Johann Ulrich Hubschmied, Bündner Clubführer VIII, Seite 446, schliesst aus dieser Stelle, Campell habe ein heute erloschenes Apellativ *raschvella* in ähnlicher Bedeutung wie lateinisch RECEPACULUM ‹Behälter, Aufbewahrungsort, Zufluchtsort, Schlupfwinkel› gekannt, das eine Ableitung von *retschaiver* [entstanden aus] RECIPERE ‹empfangen› (...) gewesen wäre. QUELLE: Andrea Schorta, «Rätisches Namenbuch», Band II, Etymologien, 1964, Seite 805

Hinter einem Gehölz kam ich zu einem Haus, wo Wäsche zum Trocknen aufgehängt war. Ich stahl einen langen, schwarzen Mantel, den ich überzog, um meine Beretta zu verstecken. Dann und wann rollte ein Verband der deutschen Wehrmacht nach Norden, schliesslich näherte ich mich einem rastenden Trupp, ich wandte mich an einen älteren Feldwebel, der im Gras sass und ass, und schilderte ihm wahrheitsgetreu meine Situation. Er wollte nicht, tat es doch – und ich fuhr mit ihm über 400 Kilometer bis nach Bozen im Südtirol. Jetzt war die Grenze greifbar; zuerst zu Fuss und dann ein weiteres Stück mit einem deutschen Militärwagen gelangte ich nach St. Valentin im oberen Vinschgau, von wo ich durch den Bergwald zur Reschner Alm aufstieg und über das Joch meiner Geissalp direkt nach Raschvella gelangte. Wir feierten unser Wiedersehen: Meine Schwestern, meine Eltern, alle waren da!

«Die Armee braucht Soldaten», steht überall auf Plakaten, und der achtzehnjährige Cla Famos meldet sich freiwillig, absolviert die Rekrutenschule als Gebirgsgrenadier in Bellinzona und Losone.

Nach der Bombardierung von Foggia ist die Familie Famos
völlig mittellos. Mit geliehenem Geld kauft Clas Vater 1943 das
Hotel da la Posta in Martina, einer Fraktion der Gemeinde Tschlin.
Die Herberge ist in schlechtem Zustand und steht mit Blick auf das
Kriegsgeschehen an der exponierten Grenze zu Österreich.

Als Grenadierkorporal leistet Cla Famos Aktivdienst bei den
Grenztruppen im Münstertal. Seine dienstfreie Zeit verbringt Cla
in Martina, wo er mithilft, den Betrieb seiner Eltern über Wasser
zu halten. Beim Grenzposten Martina kommen auch Verfolgte
über die Grenze. In verschiedenen früheren Publikationen wurde
über diese Zeit und Clas Erlebnisse und Engagement geschrieben.
Ich habe diese Texte gelesen, und nachdem ich mich doch recht
gründlich und gewissenhaft mit dem Leben von Cla Famos auseinandergesetzt habe, erscheinen mir manche jener Darstellungen
zweckgefärbt und verzerrt. Ein schönes Dokument hat Arnold
Rauch mit dem Filmporträt «Ün sco ingün – Il famus Cla Famos»
für die Televisiun Rumantscha geschaffen. Der Beitrag «Einer
wie keiner – der famose Cla Famos» fürs romanische Fernsehen
wurde 2004 in Raschvella und in Foggia gedreht und gibt
als ergänzende DVD zu unserem Buch einen lebendigen Einblick
in Cla Famos' Biografie.

Grenadierkorporal Famos, stehend, zweiter von links.

Grenadier-korporal Famos, vorne, vierter von rechts.

Palü Lunga

Grenzdorf
Der Grenzpfahl steht bei Martinsbruck, (…) ein altes Gasthaus steht da, das ganz stilgerecht ist; ein schweizerisches Zollgebäude ist da, eine «Osteria italiana», eine Kirche, die ganz sicher dem heiligen Martin gewidmet ist; man denke sich ein paar alte Häuser dazu, einige Bilderstöcke, eine Burgruine, viel Tannen, einen respektabeln Fluß unter der «Bruck» und eng beieinander stehende Berge, so kann man sich Martinsbruck (Martina) ungefähr vorstellen. QUELLE: Hans Schmid, «Bündnerfahrten – Engadin und südliche Täler», 1924, Seite 155

Immer noch war Krieg, und es war für meine Eltern in dieser Zeit ungemein schwierig, sich mit einem maroden Hotel eine neue Existenz aufzubauen. Wohl war in Martina eine Einheit der Schweizer Armee stationiert, aber mit neunzig Rappen Sold konnten sich die Wehrmänner kaum ein Bier leisten, und viele mussten das Geld beiseite legen für ihre Familien daheim. Meinen Urlaub vom Aktivdienst verbrachte ich stets in Martina, es gab Arbeit mehr als genug ums Haus und im Wald, oder ich half im Betrieb.

Von Martina talauswärts bildet der Inn die natürliche Grenze zwischen der Schweiz und Österreich. Dieser Abschnitt wurde von der deutschen Wehrmacht streng kontrolliert, die Brücke war in der Mitte mit Stacheldraht gesichert. Wir hatten aber trotzdem Kontakt mit den deutschen Soldaten; viele von ihnen hatten sich an der Ostfront verwundet und waren hierher versetzt worden zur Erholung, im Jargon hiess das «Sommerfrische». Bei Nacht und Nebel schnitten wir ein Loch in die Sperre auf der Brücke, und die Deutschen kamen in die Schweiz. Auf unserer Seite standen Mineure, Festungsbauspezialisten, mit Langgewehren aus dem Jahr 1911 Wache, denen war das Wurst. In unserer Gaststube lernte ich von meinen deutschen Kameraden das Kartenspiel Skat, ein sehr viel witzigeres Spiel als unser Jass.

Ich begegnete damals auch Angehörigen der Waffen-SS, sie tranken bei uns Bier. Diese starken Männer übten auf mich eine seltsame Faszination aus, worüber ich mich heute fast schäme. Mit einem Offizier fuhr ich eines Tages sogar heimlich im Geländewagen nach Innsbruck hinunter, in den prallvollen Lokalen wurde uns überall sofort Platz gemacht.

Die wirtschaftliche Lage meiner Eltern war so schlecht, dass ich keine Skrupel hatte, mit Schmuggeln etwas Geld zu verdienen. Zwei Kilometer taleinwärts bei Sclamischot überquerte ich mit Helfern den Inn, wir stiegen nachts auf der Schweizerseite durch den steilen Wald über Palü Lunga zum Grenzstein 51 hinauf und schlichen zwischen Schwarzsee und Grünsee das Rauchtal hinunter, bis wir zum Tiefhof gelangten. Dort war unser Umschlagplatz. Wir brachten Amsterdamer Tabak, Saccharin und Schnaps und bekamen im Gegenwert Speck und Schinken, die ich für dreissig Franken das Kilo nach Zürich verkaufte; das wäre heute gewiss das Zwanzigfache, die gesamte Teuerung mitgerechnet.

Martina
Martinsbruck, Pons Martini, rom. *Punt Martina*, das Grenzdorf, geniesst ein mildes Klima, 1019 m. Seine Umgebung erscheint romantisch, es steht da auch die Burgruine Serviezel. (Eine gleichnamige, wovon wenige Mauerreste übrig sind, stand bei Platta mala.) Touristen verweilen hier öfters. Der Inn, durch das Wasser vieler Gletscher verstärkt, eilt hinaus durch die Kluft, welche sich unter Martinsbruck verengt. Die Strasse geht auf dessen rechtes Ufer über und damit auf österreichischen Boden. Beim merkwürdigen, hochromantischen Finstermünz nimmt der schäumende Alpenstrom vom Bündnerland Abschied und durchströmt nun das Land Tyrol. QUELLE: Ernst Lechner, «Graubünden – illustrierter Reisebegleiter durch alle Talschaften», 1903

Mitleid

Der J-Stempel
Im April 1938 verlangte die Schweiz von Deutschland Massnahmen, um die Flüchtlingsströme besser kontrollieren zu können. (...) Die deutsche Seite schlug den «J»-Stempel vor. Rothmund (Chef der Eidgenössischen Fremdenpolizei) erkannte zwar «den diskriminierenden und rechtlich fragwürdigen Charakter» der Massnahme und wollte stattdessen einen allgemeinen Visumszwang, weil er eine effiziente Kontrolle aller Deutschen wünschte. Doch Bundesrat *Giuseppe Motta* (...) hielt dagegen fest: «Der Bundesrat heisst das Abkommen mit Deutschland einstimmig gut.» QUELLE: *«Schlussbericht der Unabhängigen Expertenkommission Schweiz – Zweiter Weltkrieg»*, 2001, Seite 111

An den Zoll von Martina kamen immer wieder auch jüdische Flüchtlinge, die in der Schweiz Zuflucht suchten. Die Zollorgane hatten den Befehl, alle Juden zurückzuschicken. An der Barriere waren die Beamten unerbittlich, aber im offenen Gelände drückten die Grenzwächter oft beide Augen zu. Auch Martin Trepp, der Polizist in unserem Dorf, war sehr menschlich, nie brachte er jemanden an die Grenze zurück.

Ich hatte Mitleid mit den Verfolgten. Wir hatten von Straflagern gehört und stellten uns vor, dass die jüdischen Gefangenen dort für wenig Essen und ohne Entlöhnung hart arbeiten mussten. Von Vernichtungslagern wussten wir nichts, und ich denke, auch viele Deutsche hatten davon lange keine Kenntnis.

Die meisten Flüchtlinge kamen zu Fuss von Nauders übers Joch nach Sclamischot. Sie waren insofern gut organisiert, als alle die gleiche Kontaktstelle in Zürich kannten, mit der sie telefonisch Verbindung aufzunehmen versuchten. In Sclamischot gab es damals noch kein Telefon, aber da war der Köbi Caviezel, und alle gingen zuerst zu ihm. Köbi versteckte sie und brachte sie, wenn ich in Martina war, zu uns. Nicht in die Wirtschaft, um ein Bier zu trinken, sondern heimlich. Und ich versteckte und verpflegte die Verfolgten mit einer Gerstensuppe, mit Milch, Brot, Käse und Konfitüre. Von uns aus nahmen sie dann telefonisch Verbindung auf mit den Gewährsleuten in Zürich.

Ich war nicht der einzige, der den jüdischen Flüchtlingen half. Wenn ich nicht da war, haben sie oft auch im Dorf beim Cla Janett und vor allem bei einem namens Maurer, dessen Vorname mir jetzt nicht einfällt, übernachtet. Am nächsten Tag in der Abenddämmerung kam immer der gleiche schwarze Wagen und nahm sie mit. Ob sie in Zürich untertauchten oder nach Frankreich flohen, um dann nach Amerika zu gelangen, weiss ich nicht. Es haben bei uns gegen dreissig jüdische Flüchtlinge Station gemacht, von deren Verbleib oder Schicksal ich nie etwas erfuhr.

Flüchtlingspolitik
Berücksichtigt man die mehrheitlich jüdischen Emigranten, die sich bei Kriegsbeginn bereits in der Schweiz befanden, (...) so kommt man zum Schluss, dass die Schweiz während des Krieges für eine Dauer von einigen Wochen bis zu mehreren Jahren rund 60 000 Zivilpersonen vor der Verfolgung durch die Nationalsozialisten Schutz gewährte. Etwas weniger als die Hälfte davon waren Juden. (...) Die Zahlen zu den zurückgewiesenen Flüchtlingen, die wir 1999 gestützt auf frühere Forschungen des Bundesarchivs publizierten, sind in der Folge von verschiedener Seite in Frage gestellt worden. (...) Es ist davon auszugehen, dass die Schweiz während des Zweiten Weltkriegs über 20 000 Flüchtlinge an der Grenze abgewiesen oder aus dem Land ausgeschafft hat. Zwischen 1938 und November 1944 wurden zudem um die 14 500 Einreisegesuche abgelehnt, die Schutzsuchende bei den Schweizer Vertretungen im Ausland stellten. Wie viele dieser Personen dennoch die Flucht in die Schweiz versuchten und in der Statistik der aufgenommenen oder an der Grenze weggewiesenen Flüchtlinge enthalten sind, ist ungewiss.
QUELLE: *Schlussbericht der Unabhängigen Expertenkommission Schweiz – Zweiter Weltkrieg, 2001, Seite 119 ff.*

Polack und Pepi Turi

Eines Tages kam der Grenzwächter Valentin mit einem Polack in deutscher Uniform zu mir. Der Mann sei halbverhungert, sagte Valentin, ich solle ihm Kartoffeln oder ein Stück Brot geben, und wenn er die Flucht ergreife, müsse ich Alarm schlagen. Ich kochte dem Soldaten, der recht gut Deutsch sprach, eine Riesenportion Spaghetti. Er war jung, vielleicht etwas älter als ich, und er schilderte mir beim Essen seine bedrohliche Lage. Er sei aus der deutschen Wehrmacht desertiert, und wenn er jetzt zurück müsse, dann werde er abgeknallt. Ich zögerte nicht, zeigte ihm ein Versteck im Freien, wo er bis zum Einnachten warten sollte, anschliessend würde ich ihn für die Nacht in unser Haus holen.

Dann war er vielleicht zwei Tage bei uns im Hotel, ich vermachte ihm alte Klamotten von mir, so dass er als Zivilist verkleidet eine minimale Chance hatte, überhaupt nach Frankreich zu gelangen. Ich gab ihm auch etwas Geld mit auf die Flucht. Ein Jahr später bekam ich einen Brief aus Amerika. Er konnte auf Deutsch nicht gut schreiben, aber er schrieb – und bis vor wenigen Jahren erhielt ich regelmässig einen Weihnachtsbrief aus New York; vermutlich ist er inzwischen gestorben.

An der Front habe ich einen lieben Jugendfreund verloren. Als Bub hütete ich die Geissen von Seraplana und Raschvella, für das Galtvieh der beiden Orte war der Pepi Turi zuständig, ein Tirolerbub, dessen Vater einen kleinen Hof bewirtschaftete gleich auf der österreichischen Seite der Zollbrücke in Martina. Mit Pepi hatte ich immer nur Romanisch geredet, wenn wir uns als Hirten und Freunde aufsuchten und miteinander spielten, denn im Winter ging er in Martina zur Schule. Pepis Vater hatte im Ersten Weltkrieg ein Bein verloren und deshalb auch das moralische Recht zu wildern. Der Ertrag aus dem Betrieb war gering, so dass sich seine Familie fast mehr von Gams- oder Rehfleisch ernährte als von landwirtschaftlichen Produkten.

Die beiden Söhne mussten nach Kriegsausbruch natürlich marschieren. Schon bald hiess es, dass Pepis Bruder Karl, den ich weniger gut kannte, in Jugoslawien gefallen sei.

So Mitte April 1945 betrat Pepi in Uniform unsere Hotelküche, er war bei den Gebirgsjägern. Ich freute mich: «Pepi, ich bin so froh, dass du zurückgekommen bist, Gott sei Dank wird der verdammte Krieg bald zu Ende sein!» Pepi antwortete: «Die Russen stehen zwar vor Wien, aber der Krieg ist noch nicht fertig. Ich habe nur Urlaub, um zu schauen, wie es meinem Vater geht. Übermorgen muss ich wieder an die Front.» Sogleich beschwor ich ihn, wenn er schon da sei, doch bei seinem Vater zu bleiben, die Kapitulation sei nur noch eine Frage von Wochen! Er aber sagte zu mir: «In Wien wird geschossen und gekämpft, ich lasse meine Kameraden nicht im Stich!» Drei Tage später war er tot – wo mein Freund Pepi ruht, weiss ich nicht; irgendwo haben sie ihn in ein Massengrab geworfen.

Martin und Julia

Grenzen sind keine Grenzen, auch im Krieg nicht. Und so war ich zu jener Zeit oft mit Martin zusammen, einem österreichischen Zöllner, der mit seiner Frau Julia nur wenige Meter von uns entfernt, aber auf der andern Seite des Inns wohnte. Wir gingen zusammen Ski fahren und verbrachten hüben und drüben heitere Stunden.

«Hoffentlich muss ich nicht marschieren», sagte Martin dann und wann, wenn wir uns über den Krieg unterhielten. Eines Tages kam er traurig mit der Nachricht zu mir, er müsse an die Front! Ich sagte, ob er nicht die Julia mitnehmen und einfach desertieren wolle? Das mache er nicht, war seine Antwort, und er ging. Julia, seine rassige, schöne Frau, blieb alleine zurück. Ab und zu bekam sie einen Brief, in welchem Martin vom Geschehen in den endlosen Ebenen Russlands berichtete. Julia erzählte mir davon – und dass er lebe. Dieser furchtbare Abnützungskrieg wurde immer mehr zur unsäglichen Katastrophe. Eines Tages kam Julia mit der Nachricht: Der Martin werde vermisst. Und ich dachte bei mir, seine Kameraden haben ihn zurückgelassen, verwundet oder schon tot liegt er auf einem verlassenen Schlachtfeld – dem sagen sie ‹vermisst›. Zu Julia sagte ich nur, er sei womöglich in russische Gefangenschaft geraten. Diese vage Hoffnung wurde ihr beharrlicher Glaube. Julia wartete.

Mehr als zehn Jahre später, ich hatte gerade einige Hocker aus der Beiz komplimentiert, stand ein grosser Mann unter der Tür. Er schaute mir in die Augen und sagte:
«Griez di Cla.» Ich grüsste zurück und sagte, die Bude sei zu, heute gebe es keinen Schnaps mehr. Und er: «I will koa Schnaps.» Was er dann wolle? «Du kennscht mi nimmer?», sprach der Mann im Mantel. Ich forderte ihn auf hereinzukommen, schaute in das hagere Gesicht und rief: «Mein Gott, du bist ja der Martin!» Wir hielten uns in den Armen, lange, und erst dann wagte er zu fragen, ob die Julia noch da sei? Ich antwortete: «Jo, freili.» – «Lebt sie alloan?» Da erzählte ich ihm, dass sie die Hoffnung nie aufgegeben habe und immer noch warte. Er sass weinend am Tisch, ich machte geschwind zwei oder drei Spiegeleier und sagte, er müsse essen, ich würde jetzt schnell die Julia holen.

Die Julia kriegt einen Herzschlag, dachte ich, als das Licht anging und ich sie an ihrem Zimmerfenster sah. Sie war nicht eben freundlich. «Da ist ein Soldat», rief ich, «der von Russland zurückgekehrt ist, und der weiss, dass der Martin lebt!» Sie schrie und weinte, stand schon neben mir: «Er lebt, er lebt, er lebt.» Ich wagte noch nicht, alles zu sagen: In Wien habe er den Martin gesehen, ach nein, in Landeck habe er ihn getroffen. Julia betrat unsere Stube. Martin sass am Tisch und ass. Endlich stand er auf, eine hundsmagere Gestalt. Beide waren wie gelähmt, dann haben sie sich gehalten, gewiss eine Viertelstunde lang. Es fiel kein Wort, wir alle weinten.

Manifest
Helm ab Helm ab: – Wir haben verloren! Die Kompanien sind auseinandergelaufen. Die Kompanien, Bataillone, Armeen. Die grossen Armeen. Nur die Heere der Toten, die stehn noch. Stehn wie unübersehbare Wälder: dunkel, lila, voll Stimmen. Die Kanonen aber liegen wie erfrorene Urtiere mit steifem Gebein. Lila vor Stahl und überrumpelter Wut. Und die Helme, die rosten. Nehmt die verrosteten Helme ab: Wir haben verloren.
...
So sind wir eine Generation ohne Abschied geworden und ohne Heimkehr. Aber wir sind eine Generation der Ankunft. Vielleicht sind wir eine Generation voller Ankunft auf einem neuen Stern, in einem neuen Leben. Voller Ankunft unter einer neuen Sonne, zu neuen Herzen. Vielleicht sind wir voller Ankunft zu einem neuen Lieben, zu einem neuen Lachen, zu einem neuen Gott. Wir sind eine Generation ohne Abschied, aber wir wissen, dass alle Ankunft uns gehört.

QUELLE: *Wolfgang Borchert, «Das ist unser Manifest», 1947, Seite 308; «Generation ohne Abschied», 1947, Seite 60, in: Das Gesamtwerk*

László

Ungarn im Krieg
Ungarn unterstützte 1941 das Deutsche Reich beim Feldzug gegen Jugoslawien und nahm schliesslich am Krieg gegen Russland teil. Mit dieser Politik gewann Ungarn die Karpatho-Ukraine und Teile Siebenbürgens zurück. Im Januar 1943 wird die ungarische Armee von der Roten Armee eingekesselt. (...) Im August 1943 nehmen Teile der ungarischen Regierung erste Kontakte mit den Alliierten auf, deshalb besetzen die Deutschen im März 1944 das Land. Es wird eine neue Regierung gebildet. Unter Adolf Eichmann erfolgen Massendeportationen in die Vernichtungslager. Die Rote Armee besetzt im Oktober 1944 Teile Ungarns. Die letzten Kampfhandlungen auf ungarischem Staatsgebiet enden am 4. April 1945, einige ungarische Einheiten kämpfen aber bis Anfang Mai noch in Österreich und Bayern weiter. QUELLE: *Istvan György Toth, Geschichte Ungarns, 2005*

Kurz nach Kriegsende kam ein Grenzwächter mit einem ungarischen Offizier in deutscher Uniform in unsere Gaststube zum Telefonieren. Wenn der Mann abhaue, solle ich ihn rufen, sagte der Grenzwächter. Der junge Offizier hiess László, und er versicherte mir, er gehe nicht davon, wenn er telefonieren könne, sei er gerettet. Sein Vater war vor dem Krieg Direktor der S.O., der Standard Oil, in Ungarn gewesen, und László wollte dessen Geschäftsfreund in Zürich erreichen. Dieser Freund sei früher oft bei ihnen auf dem Landgut gewesen zum Jagen und Reiten in der Puszta.

Nachdem László den Telefonhörer aufgehängt hatte, stand ein gebrochener Mann vor mir. Der vermeintliche Schweizer Freund versagte ihm jede Hilfe, er könne nichts machen. László wollte unter keinen Umständen zurück, die Amerikaner lieferten ihn laut eines Abkommens umgehend an die Russen aus, und die Rotarmisten machten kurzen Prozess. Zum Glück habe er vor der Grenze seine Pistole versteckt, er habe nicht mit der Waffe in die Schweiz kommen wollen. Er werde jetzt zurückgehen und sich damit das Leben nehmen.

Ich schaute in seine traurigen Augen, dann zeigte ich ihm das Versteck, wo er bis zum Einnachten ausharren musste. Ich war wütend auf den feigen Geschäftsmann in Zürich – man kann immer etwas machen! Auf dem Dachboden hatten wir einen Taubenschlag, der jetzt leer war, weil ein Habicht alle Insassen erbeutet hatte. Dieser Ort war ein gutes Versteck. Mit einer Matratze und Decken machte ich aus dem Taubenschlag einen Menschenschlag, und László sollte dort mehrere Tage bleiben. Morgens und mittags brachte ich ihm etwas zu essen, am Abend leistete ich ihm Gesellschaft. Wir kamen uns näher, und ich wollte László unbedingt helfen. Er hingegen war überzeugt, dass seine einzige Rettung die französische Fremdenlegion sei, dort würden sie nicht lange fragen und ihn als Offizier engagieren. Ich fand einen Mehllieferanten, der oft nach Basel fuhr, und schilderte ihm unsere Notsituation. Er war sofort bereit, László in seinem Lastwagen zu verstecken und ihn bis zur Grenze nach Frankreich zu lotsen.

Während Jahren kamen mir gelegentlich diese nächtlichen Taubenschlagstunden in den Sinn. So vieles hatten wir uns zu erzählen gewusst. László hatte sogar versucht, mir ein paar Brocken Ungarisch beizubringen. Ich wusste, dass er damals bei Basel über die Grenze nach St.-Louis im Elsass gelangt war. Dann hatte ich nichts mehr von ihm gehört, und ich dachte, wenn er tatsächlich in der Fremdenlegion Dienst tat, hat er das vielleicht in Indochina oder bei den Arabern mit seinem Leben bezahlt.

Zwanzig Jahre später kam unsere Serviertochter aus der Gaststube in die Küche, ich solle kommen, es sei ein Champagner-Vertreter da. Ich meldete meine Zweifel an, doch sie bemerkte, es habe einer mitten am Tag eine Flasche Champagner bestellt, das müsse wohl ein Vertreter sein. Ich kam in die Stube, da stand ein Mann vor mir und grüsste mich. Am Tisch sassen, wie es aussah, seine Frau und seine drei Buben. Als ich ihn fragte, welche Firma er vertrete, musste er lachen. Er sei kein Vertreter, er habe hier einmal gewohnt! Sein Gesicht aber sagte mir nichts. Ich schaute in seine Augen, er hatte extrem blaue Augen. Er sprach: «Ich war Gast in einem Taubenschlag.» – «Dann bist du der László!» Wir nahmen uns in die Arme, er weinte, ich weinte. Seine Frau, seine Buben, die Serviertochter und meine Frau Liliane waren bei uns, kein Auge blieb trocken. Nach fünf Jahren Fremdenlegion war für László eine Rückkehr ins russisch besetzte Ungarn nicht in Frage gekommen. Er hatte indessen sein Studium in Österreich fortsetzen können und wurde schliesslich Hochschulprofessor in Wien.

Arbeitssuche

1943 hatten meine Eltern das Hotel da la Posta in Martina gekauft mit dem Ziel, sich eine neue Existenz aufzubauen. Während des Zweiten Weltkriegs, direkt an der Grenze, einen Gastbetrieb zum Laufen zu bringen, war ein sehr schwieriges Unterfangen. Wir hatten schon bald finanzielle Probleme. Als der Krieg endlich vorbei war, fehlte erst noch die Armee als unsere bisher beste Kundschaft, und der Laden war noch schlimmer dran.

So suchte ich nach einer Möglichkeit, Geld dazuzuverdienen, allenfalls auch ausserhalb des Tals. Doch bis die Zeitung aus Chur mit den Stelleninseraten bei uns im untersten Engadin auf dem Tisch lag, war es Abend, und zu viele hatten sich auf die wenigen ausgeschriebenen Stellen bereits gemeldet. Auf diesem Weg war also keine Arbeit zu finden.

Schliesslich kam ein Zürcher namens Kägi nach Martina, der sich bei der Gemeinde anerbot, zerschlagenes Lawinenholz zu räumen und zu rüsten, um Holzkohle daraus zu brennen. Ich liess mich mit sechs oder sieben anderen Einheimischen als Köhlergehilfe engagieren. Das war eine sehr gefährliche Angelegenheit. Wir mussten einen steilen Lawinenzug räumen und von weit oben das zerschlagene Holz herunterseilen, um dann in sorgsam errichteten Meilern daraus Holzkohle zu gewinnen. Der Stundenlohn für diese anstrengende Arbeit betrug dreissig Rappen. Aber es gab nie eine Entlöhnung.

Kohlenmeiler
Seit dem Altertum ist die Herstellung von Holzkohle in Meilern bekannt. Hierbei werden Holzscheite in kegelförmige Haufen (Meiler) um Pfähle gesetzt, ein mit Reisig und Spänen gefüllter Feuerschacht angelegt und eine luftdichte Decke aus Gras, Moos und Erde geschaffen. Im Feuerschacht wird der Meiler entzündet, sodass bei einer Temperatur zwischen 300 und 350°C die Verkohlung einsetzt. Der Prozess dauert sechs bis acht Tage – bei grossen Meilern auch mehrere Wochen, während der Köhler darauf achten muss, durch Regelung des Windzugs (durch Aufstechen und Wiederverschliessen von kleinen Löchern) den Meiler weder erlöschen noch in hellen Flammen aufgehen zu lassen.
QUELLE: «Meyers Enzyklopädisches Lexikon»

Alliierte in Österreich
Während der letzten Wochen des Zweiten Weltkriegs besetzten alliierte Truppen ganz Österreich. Am 3. Mai 1945 erreichten die Amerikaner Innsbruck, und Tirol wurde unter eine einheitliche Verwaltung gestellt. Der Chef der Militärregierung war Oberstleutnant Gordon J. Watts.
QUELLE: Josefine Justic, «Die letzten Kriegstage», in: «Westwind», 2005

Nach einer gewissen Zeit stellte ich Kägi zur Rede. Er machte uns klar, dass er unsere Löhne erst aus dem Erlös der Kohle werde bezahlen können. Ich habe mich sofort verabschiedet, die andern haben weitergeschuftet, doch keiner bekam je sein Geld.

Nun, sagte ich mir, es müsse doch noch andere Perspektiven geben, um hier und jetzt Geld zu verdienen. Mittlerweile stand eine amerikanische Besatzungseinheit an der Grenze, und obwohl mein Englisch miserabel war, merkte ich bald, dass sich mit den Amerikanern gute Geschäfte machen liesse. Verglichen mit uns lebten die amerikanischen Soldaten im Paradies, sie hatten das beste Essen, ihre Versorgung war der reinste Luxus, Tabak und Zigaretten konnten sie sich einfach holen.

Take the Jeep

Eigentlich hatten die Amerikaner alles, nur keinen Alkohol. So wurde Schnaps mein Zahlungsmittel. Damit kaufte ich in erster Linie Pneus, denn in der Schweiz herrschte Gummimangel. Damals fuhren die Postautos noch mit Vollgummirädern, das rumpelte und krachte, wenn sie durchs Dorf kutschierten, die Abnützung war gross. Die Reifen mussten immer wieder mit eingeschmolzenen alten oder neuen Pneus aufgummiert werden, dafür bezahlten die Postautohalter höllische Preise. Meine amerikanischen Handelspartner verfügten über unerschöpfliche Ressourcen, denn überall lagerten und türmten sich zerschossene und zerschlagene Fahrzeuge. Meinen Stoff für die Bezahlung – einen Herdöpfler, einen furchtbaren Fusel für zwei Franken der Liter – bezog ich von der Firma Weil-Mayer in Basel.

Eines Tages kam ein schwarzer US-Soldat mit seinem Jeep angefahren, wollte Schnaps, und als Zahlungsmittel bot er mir gelbe Dollars an. Die waren so etwas wie eine Binnenwährung der Armee, welche die Soldaten oder deren Frauen erst in den Vereinigten Staaten in grüne oder offizielle Dollars umwechseln konnten. Ich sagte dem Schwarzen, dass ich sein Geld nicht annehmen könne, er blickte auf seinen Jeep und sagte ruckzuck: «Take the Jeep!»

Ich kriegte den Jeep für vielleicht zehn Liter Schnaps, selber konnte ich noch nicht einmal fahren. So verkaufte ich das Auto für hundert Franken dem Heinrich Prinz in Samnaun, dem Jeep-Heiri, wie sie ihm dann sagten. Er ist mit dem Wagen noch zwanzig Jahre lang gefahren und hat damit die Post nach Samnaun hinauftransportiert. Diese Jeeps waren fast neu, hatten nur wenige Kilometer drauf, gerade mal von der Normandie bis hierher. Ein paar Tage später war der Schwarze schon wieder da, mit einem andern Jeep. Ich stelle mir vor, dass die damals nur zum Feldweibel ins Magazin gehen mussten, um zu sagen, ihr Fahrzeug sei kaputt oder in eine Schlucht gestürzt, und schon hatten sie das Recht, ein neues Vehikel zu fassen. Auch der zweite Karren kostete mich höchstens ein Dutzend Flaschen, die Verzollung lag allerdings nicht drin. Und dieser Jeep ging wie der erste als Entwicklungshilfe nach Samnaun, sein Besitzer wurde der Emil Zegg.

Ein bisschen überschattet wurden meine bilateralen Beziehungen mit den Amerikanern von der Tatsache, dass die Mädchen von Strada und Martina plötzlich Kaugummis kauten und Nylonstrümpfe trugen, und man sich fragen musste, ob nicht die eine oder andere Schönheit bald nach Amerika auswandern würde.

Schwarzmarkt
Ohne ausländische, insbesondere amerikanische Hilfe wäre Österreich verhungert. Es waren verschiedene private und öffentliche Organisationen, die Hilfe leisteten. Am bekanntesten sind die Care-Pakete geworden, die von amerikanischen Familien nach Österreich verschickt wurden und die Bevölkerung erstmals mit abgepackten Lebensmitteln bekannt machten: Dosenmilch, Löskaffee, Konserven etc. Sicherlich gab es auch Schwierigkeiten bei der Verständigung. Zu Missverständnissen führte anfangs der englische Beipackzettel der Care-Pakete mit dem Text. *«This is a gift from a friend in America.»* Nicht wenige fürchteten angesichts der dürftigen Englischkenntnisse der damaligen Zeit, «vergiftet» statt beschenkt zu werden. (...) Das Zurechtkommen mit dem Mangel verlangte und verführte zur Korruption. Man wäre ja sonst verhungert. (...) Alkohol, Schokolade, Coca Cola, Penicillin oder Nylonstrümpfe waren Währungen, die viele Zugänge öffneten. Der Schwarzmarkt boomte. Man kannte die «Bauernvaluta», den Speck, und die «Edelvaluta», die Zigaretten. Die Geldwirtschaft war vorübergehend funktionsunfähig geworden. QUELLE: *Forum oö Geschichte, Roman Sandgruber, «Die amerikanische Besatzung in Oberösterreich», 2008*

Nach Golde drängt

MARGARETE. Wie kommt das schöne Kästchen hier herein? ¶ Ich schloß doch ganz gewiß den Schrein. ¶ Es ist doch wunderbar! Was mag wohl drinnen sein? ¶ Vielleicht brachts jemand als ein Pfand, ¶ Und meine Mutter lieh darauf. ¶ Da hängt ein Schlüsselchen am Band : ¶ Ich denke wohl, ich mach es auf! ¶ Was ist das! Gott im Himmel schau! Schau, ¶ So was hab ich mein Tage nicht gesehn! ¶ Ein Schmuck! Mit dem könnt eine Edelfrau ¶ Am höchsten Feiertage gehn. ¶ Wie sollte mir die Kette stehn? ¶ Wem mag die Herrlichkeit gehören? ¶ *Sie putzt sich damit auf und tritt vor den Spiegel.* ¶ Wenn nur die Ohrring meine wären! ¶ Man sieht doch gleich ganz anders drein. ¶ Was hilft euch Schönheit, junges Blut? ¶ Das ist wohl alles schön und gut, ¶ Allein man läßts auch alles sein; ¶ Man lobt euch halb mit Erbarmen. ¶ Nach Golde drängt, ¶ Am Golde hängt ¶ Doch alles. Ach, wir Armen! QUELLE: *Johann Wolfgang von Goethe, «Faust I», 1808, Verse 2783–2804*

Eines Tages brachten die Amis einen Russen mit. Kurz nach Kriegsende war nicht weit weg von der Grenze auch eine russische Einheit stationiert, und im Siegestaumel war man noch ein Herz und eine Seele. Dieser Russ war ein lustiger Kerl, hatte Zähne wie ein Ross und lachte immer. Er wollte auch Schnaps und bezahlte mit Gold! Die Russen hatten damals alle goldige Zähne, das war Statussymbol, und vermutlich hatte unser Russe den Gefallenen das Gold aus dem Mund gezogen, teilweise waren noch Zähne dran, furchtbar. Ohne lange zu markten, verkaufte ich das Gold dann dem Bijoutier in Scuol, der schmolz es ein. Der Russe kam noch einige Male. Jedesmal öffnete er eine Flasche, trank diese fast in einem Zug aus und landete sofort unter dem Tisch. Seine amerikanischen Freunde fassten ihn an Armen und Beinen und warfen ihn auf die Wagenbrücke. An einem frostigen Tag hatte ich Angst, er könnte beim Transport vor Kälte sterben. Aber ich wurde beschwichtigt, ich solle mir keine Sorgen machen, er werde schon nicht sterben: «He will not die, don't care about.»

Parabellum

Am Reschenpass, luftlinienmässig nur fünf Kilometer südöstlich von Martina, hatte die Wehrmacht während des Zweiten Weltkriegs ein grosses unterirdisches Munitions- und Waffenlager errichtet. Da ist heute noch alles hohl unter der Erde, darüber sind Wiesen und Weiden, aber man müsste die Erde nur ein bisschen wegkratzen, schon käme alles zum Vorschein. Dorthin fuhr ich eines Tages mit einem amerikanischen Offizier, und zwar mit dem Wagen direkt in den Berg hinein. Da lagerten noch Unmengen an Kriegsmaterial. Mein Begleiter forderte mich auf, mich zu bedienen. Schliesslich entschied ich mich für eine Kiste mit 9-mm-Parabellumpistolen, meine Gegenleistung – drei Liter Schnaps.

Eigentlich aber hatte ich für diese Kiste mit hundert nagelneuen Armeepistolen gar keine Verwendung, ich war ja nicht Waffenhändler. Zufällig kam gerade ein Lastwagen der Vereinigten Mühlen bei uns vorbei, so quasi als Rückfracht gab ich ihm die Kiste mit, die solle er beim Waffengeschäft Vasella in Chur abliefern. Den Vasella selber setzte ich nicht in Kenntnis, ich ging einfach davon aus, dass dann schon etwas herausschauen würde. Wenige Tage später rief mich Vasella an und fragte: Wozu diese Kiste voller Pistolen? Mit dem Plunder könne er nichts anfangen. Der Krieg sei vorbei, jetzt müsse er Nähmaschinen und nicht Parabellum verkaufen.

P08-Pistolen
Die Pistole 08 oder Parabellum-Pistole wurde von dem Österreicher Georg J. Luger (1849–1923) konstruiert. Parabellum kommt vom lateinischen Ausspruch: *Si vis pacem, para bellum* («Wenn Du Frieden willst, rüste zum Krieg».) Die P08 war die Standardpistole der deutschen Armee im Ersten und teilweise noch im Zweiten Weltkrieg. Parabellumpistolen sind als Sammlerwaffen begehrt.
QUELLE: *Pistole 08, wikipedia*

Pierce-Uhren
Pierce, Schweizer Uhrenmanufaktur in Biel, gegründet 1883. Um 1910 beschäftigt die Firma bereits 1500 Mitarbeiter, Biel zählt damals 24 000 Einwohner. In den Dreissigerjahren erteilt die königliche Royal Air Force den Auftrag zur Entwicklung und zum Bau des Flightcalender, der später seinen Weg in die zivile Luftfahrt findet. Die Britischen Streitkräfte sind bis Kriegsende grösster militärischer Kunde, denn ab 1941 zierten Pierce Chronographen auch die Arme der britischen Stabsärzte. Pierce produziert bis heute ausschliesslich Uhren mit mechanischem Werk. QUELLE: *Léon Lévy Frères Montres & Chronographes Pierce SA*

Bei der ersten Aufteilung Deutschlands und Österreichs durch die Alliierten war Frankreich nicht als Besatzungsmacht vorgesehen gewesen. Am 26. Juli 1945 wurde das Zonenabkommen der Siegermächte ergänzt und Frankreich erhielt eine eigene Besatzungszone. In Österreich waren das die unmittelbar an die Schweiz grenzenden Länder Vorarlberg und Nordtirol.

Im Spätsommer 1945 gingen die Amerikaner, und die Franzosen kamen. Aber die Franzosen hatten im Krieg viel mehr leiden und erdulden müssen und waren auch entsprechend aggressiver und härter als die amerikanischen Besatzungstruppen. Ausserdem hatte es unter den französischen Soldaten Algerier und Marokkaner. Diese Nordafrikaner wurden von vielen Weissen wie Hunde behandelt und ständig herumkommandiert. Wenn etwas auf den Boden fiel, hörte man: «Noir, viens ici, ramasse ça! Fais ci, fais ça ... !» Ich machte zwar auch mit den Franzosen gute Geschäfte, doch ihr rassistisches Benehmen gegenüber den Leuten aus dem Maghreb störte mich sehr.

Der Pneuhandel war auch für die französische Besatzung interessant. Nur bezahlte ich nicht mit Alkohol, sondern mit Uhren. Das waren keine Billiguhren, meistens Stoppuhren der Firma Pierce in Biel, die mich damals doch vierzig Franken das Stück kosteten. Allerdings wurden mir einmal auch Uhren geklaut, vermutlich durch einen französischen Stosstrupp, der nachts unter der Inn-Brücke auf unsere Seite vordrang, unser Stubenfenster einschlug und so einige Dutzend Pierce-Uhren ergatterte.

Teater franzos

Meine Freihandelsgeschäfte mussten in den Augen gewisser französischer Besatzer dermassen einträglich sein, dass sich meine Lieferanten von dieser Wurst eine grosse Scheibe abschneiden wollten. Als ich eines schönen Tages an die Grenze kam, sagte der Zöllner zu mir: «Du, Clar», die Tiroler nannten mich immer so, «ein französischer Offizier wünscht, dass ich dich hier behalte und ihn anrufe, dann werde er gleich kommen.» Ich wartete und dachte, das wird etwas Geschäftliches sein. Schon standen sie vor mir, der eine salutierte und sagte: «Monsieur, vous êtes arrêté.» Für diese unerwartete Verhaftung, ich hatte noch schier lachen müssen, bekam ich aber keine Erklärung. Gegen Abend wurde ich abgeholt, nach Landeck überführt und in einem relativ stabilen Holzschopf eingesperrt. Wenn es unbedingt nötig gewesen wäre, hätte ich schon fliehen können. Aber ich dachte, die machen jetzt ein bisschen Theater oder wollen mich für ein paar Pierce-Uhren erpressen und morgen werde ich wieder zuhause sein.

Besatzungszonen
Ausser den vier Besatzungszonen, in die Österreich eingeteilt war, teilten die Alliierten auch die Stadt Wien in vier Sektoren unter sich auf – eigentlich in fünf, denn die Innenstadt wurde in einem monatlichen Turnus von einem der vier alliierten Stadtkommandanten überwacht. Faktisch hatte Österreich fünf Regierungen: die eigene und je eine russische, britische, französische und amerikanische. Einem interalliierten Kontrollrat, der aus vier Hochkommissaren gebildet war, mussten die Gesetze und Beschlüsse der österreichischen Zentralbehörden zur Genehmigung vorgelegt werden; (…) Die alliierten Besatzer erschwerten durch gegenseitiges Misstrauen und Eifersucht, auch durch ihre Einmischung in die einheimische Verwaltung eine rasche Wiederherstellung eines normalen öffentlichen Lebens. QUELLE: Jean Rudolf von Salis, «Grenzüberschreitungen. Ein Lebensbericht. Zweiter Teil 1939–1978», Seite 197

Neuanfang
Bei meinen Besuchen im Vorarlberg und im Tirol war es mir aufgefallen, wie rasch entschlossen die einheimischen Politiker, die der katholischen Volkspartei und der Sozialdemokratie angehörten, in den Gemeinden und Ländern gemeinsam eine neue Verwaltung eingerichtet hatten. Die Nationalsozialisten hatten sie aus ihren Ämtern entfernt. (...) Ich lernte bei dieser Gelegenheit verstehen, dass die kulturelle Leistung und Präsenz eines Landes, wie kaum etwas anderes, dessen Anspruch auf Ansehen und Anerkennung in der Welt zu rechtfertigen vermag. QUELLE: Jean Rudolf von Salis, «Grenzüberschreitungen. Ein Lebensbericht. Zweiter Teil 1939–1978», Seiten 196 und 203

Bewacht wurde ich durch einen Tiroler Aufseher. Als ich ihn fragte, ob er wisse, weshalb man mich hier arrestiert habe, sagte er bloss, er habe nur die Weisung mich zu füttern. Ohne, dass ich einen Franzosen zu sehen bekam, wurde ich dann wieder talaufwärts in ein richtiges Gefängnis in Ried überführt. Nach einigen Tagen gelang es mir, aus dem Fenster einen Mann aus dem Dorf anzusprechen, ich bat ihn, meinen Eltern mitzuteilen, dass mich die Franzosen widerrechtlich eingesperrt hätten, vermutlich um eine Kaution zu erpressen, und dass sie dem nicht stattgeben sollten.

Schliesslich bekam ich einen Tiroler, der gewildert hatte, als Zellengenossen. Bevor sie ihn wieder auf freien Fuss setzten, hatte ich den Jäger dafür gewonnen, meine Eltern und wenn nötig den Schweizer Konsul über meine Geiselnahme in Kenntnis zu setzen. Das klappte, aber im Ganzen war ich doch eine halbe Ewigkeit eingesperrt gewesen, als plötzlich ein französischer Leutnant in der Zellentür stand und sagte: «Vous pouvez y aller.» Ich könne gehen. Meine Eltern waren tatsächlich um eine Kaution angegangen worden. Die Mutter wollte bezahlen, der Vater nicht, seine Überlegung war: Töten würden die Franzosen mich nicht. Nach meiner politisch erwirkten Freilassung, dachten wir daran, mit einer Klage ans Gericht zu gelangen. Ein Tiroler Advokat riet uns aber davon ab, da die rechtliche Stellung der erst neu etablierten Besatzungstruppen undurchschaubar sei.

Miracul economic

Es muss vielleicht noch gesagt werden: Ich war natürlich nicht der einzige Unterengadiner, der nach dem Krieg über die Landesgrenzen hinweg Handel trieb. So erinnere ich mich gerne daran, wie ich mit Erich Knapp, dem damaligen Metzgermeister in Scuol, Fleischimport betrieb. Ich kannte in Nauders einen Bauern, der sehr viele Schafe hielt und sich ausserdem noch von anderen Haltern Tiere beschaffte. Regelmässig kaufte ich von ihm eine Anzahl schlachtreife Schafe, um sie dann heimlich über die Grenze zu treiben. Allerdings brachten wir die Tiere nur mit einem üblen Trick über die Brücke am Zoll. Als Beizer war mir bekannt, welcher Grenzwächter gerne ins Glas schaute, den füllten wir, bevor er Dienst hatte, einfach mit Schnaps ab. Wenn er dann benebelt im Zollhaus sass, trieben wir die Schafe ungehindert über die Brücke. Metzgermeister Knapp hatte in Martina seinen Kleinbus stationiert, meist war das Vehikel fast zu klein, und wir mussten die Schafe regelrecht stapeln, um sie nach Scuol zu transportieren.

    Diese kurze Phase der grenzüberschreitenden Geldbeschaffung war für die damaligen Verhältnisse ein kleines Wirtschaftswunder. In wenigen Monaten hatte ich sage und schreibe 30 000 Franken erhandelt, und meine Eltern konnten ihre Schulden abzahlen.

Conductör

Jetzt wollte ich endlich eine rechte Stelle finden.
Aber da hatte sich seit meiner Köhlergehilfenzeit wenig geändert. Bis wir uns von der Peripherie aus für eine Stelle beworben hatten, war sie längst besetzt. So meldete ich mich bei der Bahn als Kondukteur. Mit fünfzig anderen Kandidaten wurde ich zur Aufnahmeprüfung in Zürich zugelassen. Da stand ein älterer Zugführer vor uns und sagte, sie hätten noch viel mehr Bewerber, wir seien die Auserkorenen, doch leider gäbe es nur gerade drei Lehrstellen zu besetzen. Ich hatte Glück und durfte im Frühling 1946 in Rapperswil meine Lehre antreten als Kondukteur der Schweizerischen Bundesbahnen. Ein sympathischer Zugführer war mein Lehrmeister. Wir arbeiteten vor allem auf den Zügen zwischen Glarus und Zürich.

Zugfahren finde ich schön, aber der Geissenbub aus Raschvella war ein unglücklicher Kondukteur. Irgendwann sagte ich zu meinem Lehrmeister – er war ein sehr feiner Mensch – ich hätte Heimweh nach den Bergen. Er hatte sofort Verständnis. Ich sei ein guter Stift, und er werde sich dafür einsetzen, dass ich meine Lehre bei der Rhätischen Bahn fortsetzen könne. Ich wechselte zur RhB nach Chur und ratterte täglich ins Prättigau oder ins Domleschg und auch in die Surselva. Selbst die Bündner Berge aber konnten mich nicht in einen Glückspilz verwandeln.
In der Weihnachtszeit nahm ich eine Ungerechtigkeit zum Anlass und quittierte meinen Dienst.

Um den Winter zu überbrücken, fand ich eine Anstellung in Sedrun, im Bündner Oberland. Für drei Monate arbeitete ich bei Familie Berther in einem kleinen Hotel als Hausbursche. Ich musste die Gäste am Bahnhof in Empfang nehmen, das Gepäck transportieren, Schuhe putzen und im ganzen Haus war ich zuständig für Unterhalt und Reinigung.

Cla Famos (rechts) mit einem Berufskollegen und Freunden vor dem Bahnhof in Chur.

Grand Hotel

Das Dolder

Bauherr des «Hotel und Curhaus Dolder» war ein gelernter Küfer aus Dürnten namens Heinrich Hürlimann, der Land am Zürichberg kaufte, eine Drahtseilbahn bauen liess und dem Architekten Jacques Gros den Auftrag gab, ein Restaurant zu planen. 1895 wurde dieses als «Waldhaus Dolder» zusammen mit der Dolderbahn eröffnet. Das Gasthaus lief so gut, dass die Errichtung eines Hotels und Kurhauses beschlossen wurde. 1899 wurde das hoch über dem Zürichsee gelegene «Dolder Grand Hotel & Curhaus» eröffnet. Das Haus bot 220 Gästen Platz und war mit Telefon, Telegraf sowie Etagenbädern ausgestattet. In den Zwanzigerjahren stellte das Hotel von Saison- auf Ganzjahresbetrieb um, und es wurden erstmals grössere bauliche Veränderungen vorgenommen: Das Hauptgebäude wurde um einen Personaltrakt erweitert und der Haupteingang von der Vorder- auf die Rückseite des Hauses verlegt. An dessen Stelle entstand ein halbrundes Restaurant, die «Rotonde», mit grossen Aussichtsfenstern und Aussenterrasse. Über Jahrzehnte pilgerte das Bürgertum zum Feiern und Kaffeetrinken ins «Dolder». Mächtige und Stars wie Sophia Loren, Mick Jagger, Herbert von Karajan und der Schah von Persien nächtigten hier. QUELLE: *Dolder Booklet*, bph.hbt.arch.ethz.ch

Im Frühling 1947 fuhr ich von Sedrun direkt nach Zürich, um Arbeit zu finden in einem Fünf-Stern-Hotel. Gute Stellen waren rar, und ohne Berufsabschluss musste man sich auf entsprechende Inserate gar nicht melden. Ich weiss auch nicht, woher ich den Mut nahm, aber im Anzug und mit Krawatte ging ich an die Réception des Grand Hotel Dolder und erbat mir eine Unterredung mit dem Direktor. Am Empfang dachten sie wahrscheinlich, ich sei ein Vertreter eines Reisebüros oder einer Fluggesellschaft. Jedenfalls erschien die Sekretärin und führte mich ins Büro des Direktors, der mich sehr freundlich empfing. Wir redeten zuerst über das Wetter und dieses und jenes, bis er schliesslich höflich fragte, was mich zu ihm führe? Ich antwortete: «Herr Direktor, ich suche eine Arbeit, egal was, aber ich möchte bei Ihnen arbeiten.» Er fing an zu lachen und lachte und lachte – die Sekretärin auch.

Aber Direktor Krähenbühl erklärte, dass er mir leider keinen Posten als Volontär anbieten könne, denn er sei verpflichtet, diese Stellen an Schüler der Hotelfachschule abzugeben. Ich erwiderte augenblicklich, dass diese Praktikanten wohl kaum Schuhe putzen oder Toiletten reinigen würden. Meine Hartnäckigkeit schien dem Direktor zu imponieren. Er telefonierte mit dem Personalchef, und schliesslich sagte er, dass er mir nur eine sehr unattraktive Beschäftigung offerieren könne, nämlich als Bon-Sortierer. Ich zögerte nicht, dankte und trat die Stelle an.

Damals musste jede kleinste Bestellung, ob das nun ein Brötli oder ein Bierli war, mit einem farbigen Bon erfasst werden; diese Bestellzettel waren nach Sparten gekennzeichnet und durchnummeriert. Ich als Bon-Sortierer hatte schliesslich den in einer grossen Zeine angelieferten immensen Zettelberg täglich minuziös zu sortieren! Heute wird nur noch eingetippt, alles andere macht der Computer.

Déjà-vu
Erst illustriert das Leben das Lesen, dann das Lesen das Leben. Diese Einsicht wurde mir im Speisesaal des Grand Hotels Dolder zuteil, und zwar just in dem spannenden Augenblick, als drei uniformierte Kellner wie auf ein unhörbares Signal zugleich die silbernen Hauben von den Tellern des Hauptgangs hoben. Da hatte ich die unabweisbare Evidenz, das alles schon einmal gesehen zu haben (...) das Halbrund des Raumes, die stuckverzierte Decke, die gedämpfte vornehme Atmosphäre, die Palmenkübel und den Klavierspieler im Hintergrund. Da es draussen inzwischen dunkel geworden war, spiegelte sich der Saal in der Fensterfront, was den Eindruck erweckte, in ein riesiges Aquarium zu blicken. Das alles hatte ich schon (...) erlebt, als ich mit Proust im modischen Seebad Balbec weilte, an der Küste der Normandie. QUELLE: *Wolfgang Marx, «Ein Déjà-vu im Grand Hotel Dolder», in: unimagazin, Die Zeitschrift der Universität Zürich, 1|98*

Step by step

Ich war schon drei Monate im Amt, als mein Davoser Kollege, der das Journal anhand der sortierten Bons jeweils kontrollierte, einen Blödsinn machte. Er wurde fristlos entlassen. Der Versandchef kam zu mir und sagte, ich solle für drei Tage einspringen, bis er einen Nachfolger gefunden habe. Da brauche er niemanden zu suchen, das könne ich. Ich bestand die Bewährungsprobe und wurde befördert. Wenig später ergab sich für mich wieder eine Chance. An der Réception arbeitete der Sohn des Eigentümers vom Atlantik Hotel in Hamburg als Fakturist, dieser musste unverzüglich zu Hause einsteigen, weil sein Vater gestorben war. An der Réception hatte ich schwarz gekleidet, mit steifem Kragen und Krawatte zur Arbeit zu erscheinen. Ich sah mich gezwungen, für zehn oder fünfzehn Franken im Monat beim Trödler einen Anzug zu mieten. Das war ein stolzer Betrag verglichen mit meinen neunzig Franken Monatslohn. Schliesslich gelang es mir, aus zweiter Hand die vorgeschriebene Arbeitskleidung recht günstig zu beschaffen.

Jetzt kam ich in Fahrt. Und das Schicksal war mir gut gesinnt. Bald einmal wurde ich Journalführer, dann zum Caissier und schliesslich zum Tournant befördert. Ich war also derjenige, der den Chef de Réception und alle genannten Chargen zu vertreten hatte. In dieser Funktion glaubte man auch, in mir denjenigen entdeckt zu haben, der in heiklen Situationen verärgerte Gäste beschwichtigen konnte. So wurde ich etwa in die Suite von Jennifer Jones, einer damals bekannten Holywood-Schauspielerin, delegiert, um Champagner zu servieren.

Und irgendwie bilde ich mir heute noch ein, dass sie mich damals lieber in ihrem Zimmer sah als ihren greisen Begleiter, den sie nach Rom verschickt hatte.

Renommierte Hotels sind kleine Weltbühnen, und hinter den Kulissen läuft noch viel mehr. Beim Concierge, der alles vermitteln muss, laufen die Fäden zusammen. Ein schlechter Concierge ist ein armer Hund, ein guter verdient Geld wie Heu. Und oft fast noch wichtiger als der Direktor ist der Maître d'Hôtel an der Front eines First-Class-Hotels, in dieser Charge braucht einer viel Fingerspitzengefühl.

Vielleicht weniger durch Können als mit Glück hatte ich einen sehr guten Posten im Grand Hotel Dolder erreicht, und ich verdiente auch gut. Aber eines Tages kam Direktor Krähenbühl zu mir und sagte: «Los, Famos, jetzt musst du weg von hier!» Ich war perplex, wollte wissen, was ich falsch gemacht hätte. Der Direktor gab mir zur Antwort, meine Arbeit sei in Ordnung, gerade deshalb schicke er mich nach England, damit ich endlich richtig Englisch lerne. Er habe für mich eine Stelle gefunden im Hyde Park Hotel in London, einem sehr guten Hotel, ich könne dort als Commis im Service arbeiten.

Jennifer Jones
Sie wurde am 2. März 1919 in Tulsa, Oklahoma geboren; ihr eigentlicher Name ist *Phyllis Flora Isley*. Als Tochter von Vaudeville-Künstlern tourte sie schon als Kind mit ihren Eltern quer durch die USA und ging später an die New Yorker Academy of Dramatic Arts. 1941 zog die amerikanische Schauspielerin die Aufmerksamkeit des Produzenten David O. Selznick auf sich, der sie unter einen langjährigen Vertrag nahm und ihr gleichzeitig den Künstlernamen *Jennifer Jones* gab. Für ihre Leistung als beste Hauptdarstellerin in der Verfilmung *Das Lied von Bernadette* gewann sie 1944 den Oscar.
QUELLE: *Kay Weniger, «Das grosse Personenlexikon des Films», 2001*

Weltstadt
London, Hauptstadt des Britischen Weltreichs und Grossbritanniens (...) 8,7 Millionen Einwohner. (...) Aus dem wachsenden Seehandel, der Entwicklung einer vielfältigen Industrie, resultierte der Aufstieg Londons zur Weltmetropole. London wurde zum führenden Geldmarkt (über 200 Banken) und Welthandelsplatz; zur geistig und wirtschaftlich umfassenden Weltstadt, die an Bevölkerungszahl erst in jüngster Zeit von New York überflügelt wurde. QUELLE: *Schweizer Lexikon in sieben Bänden, 1947, Band V, Seite 16f.*

Im Winter 1950, nach drei Jahren Dolder, fand ich mich also in der englischen Metropole wieder. Das Dorchester und das Hyde Park waren zu jener Zeit Londons beste Adressen. Als Hotelkellner bekamen nur Engländer eine Arbeitsbewilligung. In unserem Haus dagegen waren alle «waiters» Italiener, aber sie hatten einen britischen Pass. Die Hilfskellner im Hyde Park stammten fast ausschliesslich aus Frankreich und Griechenland. Rückblickend muss ich sagen, dass ich da in keine gute Gesellschaft geraten war. Es war gang und gäbe, dass meine Kollegen von den Tellern, die aus der Küche kamen, in kleinen Portionen Fleisch, Fisch, Gemüse, Pommes frites, also ganze Mahlzeiten für sich und ihre Frauen mitgehen liessen. Das gefiel mir überhaupt nicht. Immerhin konnte ich mein bisher selbst gelerntes Englisch verbessern, ich besuchte neben der Arbeit Kurse in einer privaten Sprachschule.

Swiss waiter

Meine Sternstunde am Arbeitsplatz war die Begegnung mit Montgomery – General Bernard Law Montgomery! –, der mit seinen Leuten die Wehrmacht unter Wüstenfuchs Generalfeldmarschall Rommel in der Schlacht von El Alamein in Nordafrika bezwungen hatte und so für die Engländer zum Volkshelden geworden war. Meine Begegnung mit Montgomery ist einem glücklichen Zufall zuzuschreiben. Eines Tages kam der «headwaiter» zu mir und sagte, wir hätten eine Hochzeitsgesellschaft im oberen grossen Saal, und er müsse möglichst alle Kellner für diesen Anlass einsetzen, auch meinen Chef de rang. Das heisse, dass ich für diesen Tag als Kellner an der Front im Einsatz sei. Einen Moment später kam er nochmals ganz aufgeregt mit der Meldung zu mir, an einem meiner Tische esse auch General Montgomery! Ich müsse höllisch aufpassen, wenn ich den verärgere, sei ich gefeuert!

Montgomery war Stammgast, fast wöchentlich ass er mit hohen Offizieren bei uns. Zu jenem Zeitpunkt war er auch Stellvertretender Oberster Befehlshaber der Alliierten in Europa. Mein Chef de rang, welcher General Montgomery sonst immer bediente, war ein super Kellner, ursprünglich aus Napoli, mit italienischem Charme und besten Umgangsformen.

Imperial
Wotruba (der österreichische Bildhauer) hatte mir nach seiner Rückkehr von seiner Reise nach England gesagt, London sei eine mächtige Stadt, gewaltiger als Paris, man würde sich nicht wundern, wenn auf einmal ein Löwe über die Strasse gehen würde. Wie ein verwundeter Löwe, aber doch wie ein Löwe, kam auch mir London vor. Häuserlücken, von Bränden geschwärzte Mauern und der zerstörte Sitzungssaal des Unterhauses erinnerten noch an ferne Bombennächte. Als Mittelpunkt eines Weltreiches war London gross geworden, und obgleich das Weltreich zerfiel und sich in ein lockeres Commonwealth verwandelte, hat London sein imperiales Aussehen beibehalten. QUELLE: *Jean Rudolf von Salis, «Grenzüberschreitungen. Ein Lebensbericht. Zweiter Teil 1939–1978», Wilton Park 1948, Seite 339*

Englischer Lebensstil
England ist das letzte Land in Europa, das, obgleich arm geworden, noch so lebt wie im 19. Jahrhundert. Es hat auch immer Exzentriker ertragen, die exzentrische Dinge sagen oder tun; man toleriert sie. Dass in aristokratischen Häusern kein Butler mehr ist, hat die Lebensgewohnheiten kaum verändert. Der Mahagoni-Tisch im Esszimmer trägt seine silbernen Gedecke und sein Wedgwood-Geschirr, wie früher und einst. (…) Die bequemen Fauteuils im Wohnzimmer stehen immer noch um den Kamin. Man fragt sich manchmal, ob Königin Victoria noch lebt. Das Gespräch ist gedämpft, lautes Reden verpönt, man kommt mit einfachen Worten und wiederkehrenden Formeln aus. QUELLE: *Jean Rudolf von Salis, «Grenzüberschreitungen. Ein Lebensbericht. Zweiter Teil 1939–1978», Wilton Park 1948, Seite 342*

Ich war also höchst gefordert und besann mich meiner Umgangsformen als Unteroffizier der Schweizer Armee. Salutierend, in Achtungstellung, überreichte ich dem General die Karte, der schmunzelnd für seine Kollegen – er selber war Abstinenzler und Nichtraucher – den Wein bestellte. Im Hyde Park, ein preussischer Kellner! Das war neu für die hohen Tiere der britischen Armee, die sich erheitert anschauten. Montgomery schliesslich sagte zu mir: «You are not English, aren't you?» Wie ich ihm zur Antwort gab, ich stamme aus der Schweiz, wollte er wissen, ob ich in der Armee gewesen sei, und als ich erzählte ich sei Gebirgsgrenadier, wusste der «Khoga» genaustens Bescheid über unsern Flammenwerfer.

Von da an verlangte Monty, das war sein Spitzname, stets den «swiss waiter». Das war für mich, seinen Schweizer Kellner, eine lohnende Aufgabe. Der General zahlte zwar nie cash, er unterschrieb und gab ein gutes Trinkgeld. Als Folge hatte ich den Neid meines Chefs zu ertragen. Dies, aber auch die Klauerei der Kollegen, die mich immer mehr störte, waren die Gründe, weshalb ich mich nach einer neuen Arbeit umsah.

Simpson's

Am Piccadilly Circus, einem der belebtesten und beliebtesten Plätze Londons, stach mir ein vornehmes Modegeschäft in die Augen, das aber auch Sportkleidung und -artikel, sogar Skis verkaufte. Das Simpson's of Piccadilly war ein Haus für die Gutbetuchten, daneben stand ein Modeladen mit Massenware. Ich betrat das noble Geschäft und sah, wie sie im Simpson den Skiverkauf betrieben. Sofort war ich mir sicher, dass man das besser machen könnte. Ich meldete mich bei der Chefin, einer attraktiven Dame, und erzählte ihr, dass mir auf der Suche nach einem neuen Job in ihrem Laden gerade die Erleuchtung widerfahren sei, wie man aus Simpson's Skiabteilung eine Goldgrube machen könnte. Und zwar müsste man direkt hier im Geschäftsraum eine Abfahrtspiste «for Beginners» aufbauen.

Meine zukünftige Chefin war auf der Stelle begeistert. Ich war zwar nie Skilehrer oder Skiverkäufer gewesen, aber in den Bergen auf den Skiern aufgewachsen, und ich hatte als Schüler und auch später noch regionale Rennen bestritten. Handwerker standen mir zur Seite. Aus Balken und Brettern konstruierten wir ein schräges Podium, das von einer höheren Etage über eine Treppe erreicht werden konnte. Dann legten wir Teppiche aus, die wir mit schäumender Seife in einen Kunstschneehang verwandelten. Selber war ich wie ein Ski-Ass angezogen, täglich ging ich auch in den Park, um mich an der Londoner Sonne etwas zu bräunen, und in diesem Look instruierte ich meine Klientinnen und Käufer. Und, ich übertreibe nicht, Simpson's Ski-Abteilung wurde ein Renner!

Sans-Papiers

Eines schönen Tages kam ein Herr im Laden auf mich zu, grüsste mich mit Namen, zeigte mir seinen Ausweis und wollte meine Arbeitsbewilligung sehen. Ich hatte natürlich nur ein Permit, um als Commis in der Gastronomie zu arbeiten, und so antwortete ich ihm, meine Bewilligung sei bei mir zu Hause. Kein Problem, er werde nach Arbeitsschluss hierher kommen und mich nach Chelsea begleiten. Jetzt sah ich mich überführt. Er kannte meinen Namen, sogar meine Adresse, also war er auch auf dem Laufenden, dass ich hier schwarz arbeitete. Ich musste gestehen, dass ich keine Bewilligung hatte: «Sir, I haven't got a permit.» Der Beamte nahm mich, sein Bedauern ausdrückend, fest. Mit zwanzig andern Sans-Papiers, Franzosen, Italienern, Finnländern, halb Europa, wurde ich verwahrt und am nächsten Tag mit dem Zug nach Dover spediert und schliesslich mit einem Tritt in den Hintern nach Calais verschifft.

Also stand ich an einem Morgen im November in Calais am Bahnhof und beschloss, nicht in die Schweiz zurückzukehren, da die Saisonstellen für den Winter sicher schon alle vergeben waren. Und in Frankreich bleiben, allenfalls in Paris, wollte ich auch nicht. Ich entschied mich, mit der Bahn nach Spanien zu reisen, um dort mein Glück zu versuchen. In Paris hatte ich eine halbe Stunde Aufenthalt, ich trank rasch einen Kaffee, bestieg den falschen Zug und fuhr ahnungslos gegen Westen statt nach Süden. Ich merkte nichts und schlief. Plötzlich hiess es: «Terminus, tout le monde descend!» Endstation? Alle aussteigen? Schlaftrunken erkundigte ich mich, wo ich sei. In Brest? Verstört rief ich, ich müsse zu den Pyrenäen! Jemand lachte, der Zug stand still.

Brest
Brest, französische Seefestung und grösster Kriegshafen am Atlantik, auf Hügeln links und rechts des Flusses Penfeld im Departement Finistère, Bretagne gelegen, 79 000 Einwohner (1939). Die Verkehrsmöglichkeiten zum Hinterland sind ungenügend; deshalb hat Brest nur geringe Bedeutung als Handelshafen. Die Bevölkerung ist zum grössten Teil bei der französischen Marine beschäftigt. QUELLE: *Schweizer Lexikon in sieben Bänden, 1947, Band I*

Un lit

Plövgia

Il plouva...
Il plouva prümavaira

Chanzun incuntschainta
Sdaisd' increschantüm
Plövgia mütta
Perche travellast
Darschainta
Tuotta tristezza
Lia cun tschierchels
Ils temps e
Las algordanzas
Mô tascha
Sco 'l baduogn
Chi spetta
Sainza föglia
Sainza gniou

I plouva adün' amo...
Plövgia da prümavaira.

Brest war damals eine vom Zweiten Weltkrieg schwer gezeichnete Hafenstadt. Ich ging in der Dämmerung durch die düsteren Strassen und direkt in ein Bistro, bestellte eine Brioche und einen Kaffee und erkundigte mich bei der dicken Patronne, wo ich billig übernachten könne. Sie zeigte mir das Haus einer Witwe gerade gegenüber, die billige Zimmer vermietete. Auf einmal stand ein Mädchen neben mir, das am Nebentisch zugehört hatte und sagte: «Ecoutez, monsieur, moi, je cherche aussi une chambre. Peut-être qu' elle en a deux?» Sie suchte auch ein Zimmer und schloss sich mir an. Gemeinsam gingen wir zum Haus hinüber, unter der Türe stand eine lustige, flotte Frau. Aber Zimmer gab es nur eines, mit einem grossen Bett. Zu meiner Begleiterin sagte ich: «Un lit est un lit.» Sie nickte. Wir waren beide müde, redeten noch ein bisschen miteinander – das Mädchen hatte in der Bretagne gearbeitet und war auf der Heimreise zu ihrer Familie in der Nähe von Lille –, dann bezogen wir unser Quartier und schliefen wie die Murmeltiere.

Brest bekommt Regen vom Atlantik her. Am andern
Morgen war das der Fall, es schüttete und goss. Unsere
Gastgeberin klopfte an die Zimmertür und servierte
uns den Frühstückskaffee mit einer Baguette und Butter
und Konfitüre. Was blieb uns anderes übrig, als das
Zimmer zu hüten, bei diesem Sauwetter. Langweilig
wurde es uns nicht, es gab da eine Vertrautheit, die uns
alles vergessen liess. Erst zur Mittagsstunde begab ich
mich in den Regen hinaus, ich kam zurück mit Brioches
und Milch. Das war unser Déjeuner sur le lit.

Regen

Es regnet...
Es regnet den Frühlingsregen

Dein fremdes Lied
weckt Sehnsucht
Stimmloser Regen
was plauderst du
Nimm weg
alle Traurigkeit
Verbinde in Kreisen
die Zeit
und die Vorzeit
Schweig
wie die Birke
die wartet
blattlos
nestlos

Es regnet noch immer...
Es regnet den Frühlingsregen.

Luisa Famos,
«Poesias – Gedichte»,
Arche Verlag, 1995,
Seite 12

Engadiner Lyrikerin
Luisa Famos, geboren 1930 in Ramosch im Unterengadin, arbeitete als Lehrerin. Moderatorin der ersten rätoromanischen Fernsehsendung im Schweizer Fernsehen. Zusammen mit ihrem Mann, dem Tunnelbauingenieur Jürg Pünter, und den beiden Kindern längerer Aufenthalt in Venezuela und Honduras. Nach der Rückkehr in die Schweiz wohnhaft in Bauen im Kanton Uri und in Ramosch. Gestorben 1974. Sie gilt als bedeutendste Lyrikerin des Engadins.

Auch am Nachmittag gingen uns die Worte nicht aus. Als es dunkel wurde, servierte uns die Schlummermutter eine Fischsuppe. Dann verschlang uns die Nacht, sie verging wie im Traum, und obschon am Morgen noch immer Regen fiel, sahen wir die Sonne.

Am dritten Regentag sagte ich, ich müsse aufbrechen. Sie antwortete, so würden unsere Wege uns wohl trennen, sie gehe nach Norden und ich nach Süden. Beim Abschied gab sie mir einen Brief mit der Bitte, ihn erst später zu lesen. Diesmal erwischte ich den Zug Richtung Spanien. Als ich schon eine ganze Weile unterwegs war, aber mein Herz nicht so recht mitreisen wollte, kam mir der Brief in den Sinn.
Ich zog den Umschlag aus der Innentasche meiner Jacke und öffnete ihn. Es waren keine gewöhnlichen Sätze, da stand ein Gedicht, das ich immer wieder las. Ich bin kein Literat, aber dieses Gedicht war schön.

Cla Famos erzählte mir immer wieder von diesem Gedicht.
Er lese gerne Poesie, schliesslich sei die rätoromanische
Dichterin Luisa Famos, die die beiden Lyrikbände «Mumaints»
und «Inscunters» geschrieben hatte, seine Cousine gewesen.

Das Gedicht, das ihn damals nach Spanien begleitete,
trug den Titel: «Il pleuvait à Brest». Cla hätte es mir gerne gezeigt,
aber es war ihm Jahre später in Barcelona für immer abhanden
gekommen. – Anhand dessen, was mir Cla erzählte, glaube ich,
die verschollenen Zeilen rekonstruieren zu können. Er selber
meinte zwar, das Gedichtlein sei vollumfänglich aus der Feder der
jungen Frau gewesen. Ich denke mir aber, es war eine Anlehnung
an Jacques Préverts berühmtes Poème «Barbara» mit der auf
der nächsten Seite zitierten zärtlichen Modifikation für
Cla beziehungsweise Nicolas.

Il pleuvait à Brest

Rappelle-toi Nicolas
Il pleuvait sans cesse sur Brest ce jour-là
Et tu marchais souriant
Épanoui, ravi, ruisselant
Sous la pluie

Rappelle-toi Nicolas
Il pleuvait sans cesse sur Brest
Et je t'ai croisé rue de Siam
Tu souriais
Et moi je souriais de même

Rappelle-toi Nicolas
Toi que je ne te connaissais pas
Toi qui ne me connaissais pas
Rappelle-toi
Rappelle-toi quand même ce jour-là
N'oublie pas (…)

Es regnete in Brest

Erinnere dich Nicolas
Es regnete unaufhörlich in Brest an jenem Tag
Und du gingst lächelnd
Strahlend, erfreut, triefend
Durch den Regen

Erinnere dich Nicolas
Es regnete unaufhörlich in Brest
Ich bin dir in der Rue de Siam begegnet
Du lächeltest
Und ich lächelte ebenfalls

Erinnere dich Nicolas
Du, den ich nicht kannte
Du, der mich nicht kannte
Erinnere dich
Erinnere dich trotzdem an jenen Tag
Vergiss nicht (…)

Madrid

Spanien damals, das war für mich Madrid, die Hauptstadt, wo früher der König gelebt hatte. Und es war auch Alfonso XIII., der im Jahr 1910 mit dem Ritz, das eleganteste Hotel der Metropole hatte erbauen lassen. Da wollte ich hin.

Mit viel Selbstvertrauen – schliesslich hatte ich drei Jahre im renommierten Hotel Dolder und dann auch im noblen Hyde Park gearbeitet – ging ich vom Bahnhof Atocha den Paseo del Prado hinunter, am berühmten gleichnamigen Museum vorbei, schon stand ich vor dem edlen Luxus-Hotel im barocken Stil. Der Personalchef des Ritz gab mir tatsächlich sofort eine Stelle an der Réception, denn damals beherrschten erst wenige Spanier eine Fremdsprache. Mit meinem rätoromanischen und italienischen Sprachfundament konnte ich mich bald recht gut auch auf Spanisch verständigen.

Ich hatte schnell eine gute Position im Ritz. Meine Sprachkenntnisse waren gefragt, immer mehr Geschäftsleute kamen aus Europa nach Spanien, um Beziehungen aufzubauen. Auch der Export von Olivenöl und Wein gewann an Bedeutung. Ein knappes Jahr lang ging das gut, dann stand die Polizei in der Halle, ein Neider in meinem Team musste mich verraten haben. Die Typen von der Guardia Civil nahmen mich auf den Posten mit, waren aber recht anständig beim Verhör, sie stempelten mir ein zweitägiges Ausreisevisum in den Pass und verabschiedeten mich höflich mit der Warnung, wenn ich nicht Folge leiste, würde ich im Gefängnis landen.

Ich packte sofort meine Habseligkeiten zusammen und fuhr mit der Bahn nach Barcelona zu Perito, meinem spanischen Freund, den ich in London im Linguistic Club kennen gelernt hatte. Er versuchte mich zu trösten und sagte, das könne doch nicht so schlimm sein, wir würden gewiss einen Job finden für mich. Ich hielt dagegen, die Hotellerie sei mein Beruf, und da bekäme ich eben keinen «permiso». Damals erhielt man in Spanien nur eine Arbeitsbewilligung, wenn nachweislich für den zu besetzenden Posten kein qualifizierter Spanier zu Verfügung stand. Aus heiterem Himmel sagte mir Perito: «Du bist doch ein guter Skifahrer?» Ja, ich sei wohl Skirennen gefahren, sei aber kein patentierter Skilehrer. «Das spielt keine Rolle. Hier in Spanien kommt der Skisport jetzt grosse in Mode, und in den Pyrenäen sind «instructores de esquí» sehr gesucht. Da wirst du einen Job als Skilehrer bekommen und eine Bewilligung dazu.» Innert Stunden machte mir Perito telefonisch eine Stelle ausfindig, mit einer Arbeitsbewilligung für den kommenden Winter. Mein künftiger Arbeitsort hiess Candanchú, lag mitten in den Pyrenäen, fast an der französischen Grenze, rund vierhundert Kilometer von Barcelona und über fünfhundert Kilometer von Madrid entfernt.

Candanchú

Ich blieb noch mehrere Tage bei meinem Freund in Barcelona. Als ich dann Anfang Dezember nach Candanchú hinaufkam, war da natürlich noch nichts los. Candanchú ist auch heute kein grosses Skigebiet. Ganz früher stand hier nur eine Grenzfestung der Armee, aber bereits im Jahr 1928 war in diesem einsamen Bergtal auf 1530 Meter über Meer die erste Skistation Spaniens eröffnet worden. Nur ein Kilometer nördlich liegt der Puerto de Somport, der Grenzübergang, wo von Frankreich her seit Jahrhunderten unzählige Wallfahrer auf dem berühmten Jakobsweg die Pyrenäen passieren, um nach Santiago de Compostela zu pilgern.

Mit meiner Ankunft war das Kollegium komplett. Bereits warteten zwei patentierte Skilehrer, ein Schweizer und ein Franzose, auf den Saisonstart. Mit Heini Caduff, dem Schweizer, konnte ich mich sogar auf Rätoromanisch unterhalten, er stammte aus Brigels im Bündner Oberland und war später während vieler Jahre Leiter der Skischule Flims. Der Franzose mit Nachname Allais, stammte aus Megève und war der Bruder des dreifachen Skiweltmeisters Emile Allais.

Neben diesen beiden Koryphäen kam ich mir ziemlich mickrig vor, aber gegenüber der Kundschaft wollte ich natürlich nicht zurückstehen. Immerhin war ich in unseren Dörfern ein guter Skirennfahrer gewesen, das wollte ich meiner potenziellen Kundschaft auch beweisen. Jeweils nach dem Mittagessen, wenn das Skivolk bei Kaffee und Cognac auf der Terrasse sass, fuhr ich rennmässig vor aller Augen den steilsten Gegenhang herunter. Das imponierte den Spaniern dermassen, dass meine beiden Kollegen bald einmal um ihr Ranking zittern mussten.

Pyrenäen
Lage und Grösse: Das Gebirge zwischen Mittelmeer und Atlantik ist ungefähr 430 km lang und zwischen 50 und 160 km breit. Die Pyrenäen erstrecken sich über französisches, spanisches und andorranisches Staatsgebiet. Die höchsten Gipfel auf der spanischen Seite sind der Pico de Aneto (3404 m), Posets (3375 m) und der Monte Perdido (3355 m). Das Gebirge ist reich an Eisen-, Kupfer- Blei- und Marmorminen und verfügt über zahlreiche Mineralquellen. Das alpine Gelände ist ein ideales Terrain für die Tierhaltung: Schafherden und Gasconne-Rinder grasen auf den Wiesen der Hochlagen. Gemüse-, Obst- und Weinbau. Sommer- und Wintertourismus. Bevölkerung und Sprachen: Franzosen, Spanier, Andorraner und – sowohl auf französischer wie auf spanischer Seite – Katalanen und Basken. Neben Französisch und Spanisch gibt es die regionalen Amtssprachen Baskisch und Katalanisch. In den einzelnen Regionen sind südfranzösisch-okzitanische und hocharagonische Dialekte aus dem Mittelalter verbreitet. Amtssprache in Andorra ist Katalanisch.
QUELLE: *Tobias Büscher, «Pyrenäen – Frankreich, Andorra, Spanien», DuMont Reisetaschenbuch, 2006*

Amado Loriga

Erste Skikurse
Candanchú, 1530 m, Bergort in der Gemeinde Aísa, im Herzen der aragonischen Pyrenäen. 1928 wurden hier die ersten Skikurse Spaniens organisiert, und am Fusse des Somportpasses, dem Grenzübergang nach Frankreich, entstand ein Skigebiet. Bergstation auf 2400 m ü. M., 78,5 km Abfahrtspisten, 35 km Langlaufloipen. Auf der gegenüberliegenden Talseite stand einst die Grenzfestung Castillo de Candanchú, wo die Pilger auf dem Weg nach Santiago de Compostela Schutz fanden und Händler und Kaufleute den Wegzoll zu entrichten hatten. QUELLE: *www.candanchú.com. und Jenna Steenken, 100 Jahre Ski-Kultur in Spanien, 2009*

Ganz in der Nähe stand eine Kaserne der spanischen Infanterie, deren Einheiten die Berge um Candanchú als Gelände in Anspruch nahmen für ihre Gefechts- und Gebirgsausbildung. Da meldete sich eines Tages ein «alférez» bei mir, ein Leutnant nicht der Gebirgstruppen, sondern der Artillerie, mit einem freundlichen Aufgebot des Generals Amado Loriga in Rioseta. Ich ging dem nach. Der Waffenplatz der Artillerie befand sich ein gutes Stück weiter unten im Tal, wo Amado Loriga als Einstern-General das Kommando über die aragonische Artilleriedivision innehatte. Als ehrgeiziger Anhänger Francos hatte Loriga bereits im Spanischen Bürgerkrieg seine Sporen abverdient und befehligte nun hier seine Truppen mit eiserner Faust.

Loriga kam sofort zur Sache: Er habe gehört, dass ich ein guter Skilehrer und Rennfahrer sei, und er habe die Ambition, mit seiner Truppe an den Wintermeisterschaften der Armee gute Figur zu machen. Sein jetziger Instruktor sei eine Null, ich sei der Mann der Stunde. Wir kamen überein, dass ich jeweils am Vormittag mit einer Auswahl der Artillerie in Candanchú ein rennmässiges Training aufziehen sollte, damit ich am Nachmittag meinen privaten Skiunterricht erteilen konnte. Wir regelten den Arbeitsbeginn. Die Armee stehe früh auf, bedeutete mir der General; ich auch, war meine Antwort. So einigten wir uns für einen Trainingsbeginn bei Morgengrauen. Mit dreissig Mann wurde von nun an Tag für Tag Renntechnik exerziert.

Wöchentlich musste ich zum Rapport nach Rioseta, um Loriga über den Trainingsstand seiner Soldaten zu informieren. Bereits beim dritten Meeting wollte er wissen, ob allenfalls die Chance bestünde, im Frühling in der Sierra Nevada bei den Armeemeisterschaften die Gebirgstruppen zu schlagen? Das könne ich mir nicht vorstellen, da müsste man ein viel härteres Training aufziehen, auch die Verletzungsgefahr wäre viel zu gross. Der beinharte Loriga schaute mir in die Augen und sagte: «Quien eres tú?» Wer ich denn sei? Ob es Verluste gebe, das liege in seiner Verantwortung, ich hätte mit meinen dreissig Leuten eine genügend grosse Reserve.

Das liess sich der Cla nicht zwei Mal sagen, ich wollte nicht gerade mit eiserner Faust vorgehen, doch ich setzte mir in den Grind, mit meinen Leuten in der Sierra Furore zu machen. Wir trainierten auf den Langlaufskiern, um die Kondition zu verbessern, und fuhren täglich ein brutal steiles Couloir hinunter, wo sich einige Bein- und Rippenbrüche nicht vermeiden liessen, aber das Gros der Mannschaft kam heil in den Frühling. Mit der Elite meiner Kohorte ging ich schliesslich in die Sierra an die alpinen Armeemeisterschaften. Und – wir gewannen!

Aragonés
Die aragonesische Sprache, auch *aragonés* und *fabla* genannt, zählt zu den romanischen Sprachen und wird in einigen Tälern der spanischen Pyrenäen, so auch in der Gegend von Cadanchú, von rund 12 000 Aragonesen gesprochen. An einigen wenigen Schulen wird die Sprache als freiwilliges Zusatzfach unterrichtet. Es erscheinen jährlich etwa zehn Bücher auf Aragonesisch. – «Vaterunser» auf Aragonés: *Pai nuestro, que yes en o zielo, ¶ satificato siga o tuyo nombre, ¶ bienga ta nusatros o reino tuyo ¶ y se faiga la tuya boluntá en a tierra como en o zielo. ¶ O pan nuestro de cada diya da-lo-mos güei, ¶ perdona las nuestras faltas como tamién nusatros perdonamos a os que mos faltan, ¶ no mos dixes cayer en a tentazión ¶ y libera-mos d'o mal. Amén.* QUELLE: *Günter Holtus, Michael Metzeltin, Christian Schmitt, «Aragonesisch | Navarresisch, Spanisch, Asturianisch | Leonesisch», 1992*

Machtvolles Militär
Ebenso wie die Kirche nahm auch das Militär eine Ausnahmestellung im Staate ein. Denn keine zweite Institution hat in der spanischen Geschichte des 19. und 20. Jahrhunderts eine derart herausragende Rolle gespielt wie das Militär. (...) Bei nahezu jedem politischen Wechsel wirkte das Militär entweder an vorderster Front oder zumindest im Hintergrund mit (...). QUELLE: *Walther L. Bernecker, «Spaniens Geschichte seit dem Bürgerkrieg»*, 1984, Seite 26

Es war ein glücklicher Sieg. Zur Feier mit dem General mussten wir uns sofort nach Saragossa verschieben. Bei der Academia Militar führte mich ein Adjudant kurzerhand zum Schneider. Innerhalb weniger Stunden wurde mir eine Leutnant-Uniform verpasst mit Mütze und Stiefeln und allem, was dazu gehörte. Ich war erstaunt und zögerte, aber mir wurde gesagt, das geschehe alles auf Befehl des Generals Amado Loriga. Dann betraten wir den Festsaal der Academia, da war ein Ehrentisch für die hohen Offiziere, ein Tisch für uns und hinten gab es weitere Tische für all die Gäste und Offiziere auch von anderen Waffengattungen. Die Spanier machen fürs Leben gern Einladungen. Festen, das können sie.

Cla Famos (links) als Patrouillenführer an Winterwettkämpfen der Schweizer Armee.

Teniente Famos

Jetzt betraten die ganz hohen Offiziere den Saal, und wir hatten aufzustehen. Der General hielt eine Rede, in der er seinem Stolz Ausdruck gab über den Sieg seiner Leute in der Sierra. Überraschend hiess es: «Teniente Famos, por favor!» Ich wurde gebeten vorzutreten, der General zückte seinen Säbel, und mit den Worten «En nombre de Dios, de Franco y de la libertad» ernenne er mich für meine sportlichen Verdienste zum «Teniente honoris causa» der spanischen Armee! Und dann ein Mordsapplaus für mich, der «im Namen Gottes, Francos und der Freiheit» mit dem Ehrenleutnant ausgezeichnet wurde. Mir wuchs vor stolz ein Kamm, und wir machten ein Riesenfest.

Am andern Tag machte ich eine gewaltige Dummheit. Der General hatte noch ein besonderes Geschenk für mich, indem er mir einen Monat Segelflugschule bei der Armee anbot, anschliessend hätte ich das Flugbrevet ablegen können und an meiner Ehrenuniform die «Möwe» als Spezialabzeichen tragen dürfen. Aber ich hatte Angst und lehnte dankend ab.

Gegen Ende der Wintersaison 1952 bekam ich einen Brief aus La Seu d'Urgell, der von Bischof Ramón Iglesias Navarri unterschrieben war. Ich wurde gebeten, mich beim Bistum zu melden, sie hätten gehört, dass ich über Hotelerfahrung verfügte, und sie hätten ein interessantes Angebot für mich.

Euskaldunak

Bevor ich zum Bischof von Urgell in der Nähe von Andorra reiste, folgte ich im Monat April noch einer Einladung eines Gasts, dem ich im Winter mit seiner Gattin Privatstunden erteilt hatte. Er war Arzt in San Sebastián, seine Frau stammte aus Italien, und oft hatte sie mich nach dem Skifahren noch zum Tee eingeladen, um mit ihr Italienisch zu reden und alte Lieder zu singen.

Mit diesem Abstecher ins Baskenland und zur berühmten muschelförmigen Bucht von San Sebastián lernte ich das Land der Euskaldunak, wie sich die Basken selber nennen, auf eindrückliche Weise kennen. Die Basken sind lustige Leute, die aber auch unheimlich viel arbeiten, es sind richtige Schinder. Diese Härte entdeckte ich auch im baskischen Pelotaspiel, das mich als Mazzasspieler und Rätoromane irgendwie behexte. Die älteste Variante des Spiels ist die «pelota a mano», eine im Baskenland ausgesprochen populäre Sportart, fast noch wichtiger als der Fussball. Bei diesem ‹Urspiel› wird ein Lederball mit einem Holzkern von blosser Hand geschlagen. Der Ball ist überaus hart, und wenn du nicht geübt bist und mit voller Kraft schlägst, ist deine Hand kaputt. Eigentlich ist es ein Fangspiel, bei dem zwei Gegner den Ball abwechslungsweise gegen eine Wand schlagen. Die Spieler müssen unheimlich beweglich sein, sie hechten über das Feld und rennen sogar die Wände hoch. Pelota ist ein brutales Duell, bei dem der Härtere gewinnt.

San Sebastián ist auch berühmt für seine Küche, so
werden in den Bars der Altstadt die weltbesten Tapas
serviert, bei den Basken aber heissen diese kleinen Sandwiches und Häppchen eigentlich Pintxos. Eines Tages
fuhr mein Gastgeber mit mir statt zu einer Tapasbar aus
der Stadt hinaus in ein abgelegenes Fischerdorf. Ob ich
Hunger habe? Da ich nicht nein sagte, führte er mich
einen steilen Weg hinunter fast bis zum Meeresufer. Hier
stand ein bescheidenes Haus, das aber nicht als Restaurant gekennzeichnet war. Wir betraten den einzigen Raum
des Gebäudes. Da waren ein paar Tische, ein primitiver
Herd aus nur einem Blech fabriziert, darunter eine Feuerstelle mit heisser Glut, daneben war Holz aufgeschichtet
und lagerten ein paar Flaschen Wein und Spirituosen.

Ich sah aber weder einen Gast noch Personal. Jetzt
führte mein Freund mich zu einem «pozo», er zog mit dem
Seil aus der Tiefe des Ziehbrunnens einen grossen Korb
voller Fische. Sie waren noch lebendig, zappelten und
bewegten sich, denn in der Tiefe drang das Meer durch den
felsigen Untergrund. Mein Begleiter fragte mich, ob ich
gerne Sardinen esse, er legte ein paar Äste auf die Glut
und warf die zappelnden Fische auf das heisse Blech, die
übrigen Fische versenkte er wieder im Schacht. Es dauerte
nicht lange, waren die Fische braun gebraten, mit etwas
Salz kamen sie auf den Teller und mit Txakoli stiessen
wir an – mir ist dieser wilde baskische Wein fast zu sauer,
aber das Essen war ein Fest.

Baskenland
Nordspanische Region am Golf von Biskaya; eigenständiger Raum in Spanien mit eigener wirtschaftlicher Struktur, Sprache, Kultur, eigenem Volkstum und politischen Sonderinteressen, Fläche: 7261 km^2; Einwohner: 2,4 Millionen; Wirtschaft: Fischerei, Schwerindustrie, Tourismus. Die baskische Sprache – Eigenbezeichnung Euskara – ist laut Forschung mit keiner anderen bekannten Sprache genetisch verwandt. – Das «Vaterunser» auf baskisch: *Aita gurea zeruetan zagozana, ¶ donetsia izan bedi zure izena, ¶ betor gugana zure erreguekuntzea, ¶ eguin bedi zure naia, ¶ zelan zeruan alan lurrean. ¶ Egunean eguneango gure oguia gaur emon ¶ eiguzu ta parkatu eiguzuz gure ¶ zorrak gure zordunai guk parketan deutseguzan leguez ¶ Ez ichi zirikaldian jausten, ¶ ezpabe gorde gaizuz gachetik. Arren!* QUELLE: *Meyers Enzyklopädisches Lexikon*, 1971, Band III, Seite 564 und Andreas Drouve, «Baskenland», 2007, Seite 17

Beim Hinausgehen warf mein baskischer Freund einen Blick auf die Liste neben der Türe und beglich unsere Schuld, indem er das Geld im daneben hängenden Holzkästchen deponierte. Ich schüttelte ungläubig den Kopf und meinte, das könne doch nicht funktionieren, da komme der Wirt wohl ständig zu kurz. «Somos Bascos!», sagte mein Gegenüber kurz und deutlich – «Wir sind Basken!»

Ramón Iglesias Navarri

Von San Sebastián aus reiste ich der bischöflichen Aufforderung folgend direkt nach La Seu d'Urgell, ich zeigte meine Einladung und wurde von zwei Priestern sehr herzlich empfangen. Ohne langes Drum und Dran kamen sie zur Sache. Im Vall de Núria in den spanischen Pyrenäen besitze das Bistum ein schönes Hotel, das miserabel geführt sei und nicht rentiere. Die beiden Geistlichen wussten Bescheid über meine bisherige Tätigkeit in der Hotelbranche und als Skilehrer und fragten mich glattweg, ob ich den Betrieb führen wolle? Ich stellte einige Fragen, erfuhr, dass es sich um einen alleinstehenden grossen Hotelkasten handelte neben einem Benediktiner Kloster mit einer Kirche, zu der die Frauen wallfahrteten, die keine Kinder kriegen. Nur eine Zahnradbahn führte in den auf zweitausend Meter über Meer gelegenen Ort. Es gab keine Strasse, aber im Winter wurde da oben im Hochtal Ski gefahren.

Das Angebot stand – auf eigene Rechnung sollte ich als Direktor tätig werden! Ohne lange zu studieren, sagte ich zu. Die geistlichen Herren strahlten und führten mich vor den «Obispo» Ramón Iglesias Navarri. Der Würdenträger grüsste, als kennte er mich, was auch zutraf, denn er kam auf meinen einzigen Makel zu sprechen: Ich war kein Katholik. Das stelle ein Hindernis dar, gleichwohl sei ich ein Christ, und wenn ich jeden Morgen um sechs Uhr die Frühmesse besuche, sei ich genehm. Ora et labora, ging es mir durch den Kopf, ich willigte ein.

Núria

Das Hotel hiess «Puigmal», es war nach dem höchsten Berg der Gegend benannt, ein grosser gemauerter Kasten, ohne ein Stück Holz, mit kleinen Fenstern und bescheidenen Zimmern. Ich musste noch Personal rekrutieren, die Führung der Küche passte mir überhaupt nicht, ich sprach die Kündigung aus und fand einen ganz tollen Küchenchef, der auch bedeutend mehr verdiente als die restlichen Angestellten. Der durchschnittliche Monatslohn lag bei tausend Peseten, heute muss ich mich schämen, aber das war der Ansatz damals, umgerechnet etwa siebzig Franken. Natürlich war die Kaufkraft bedeutend höher als bei uns. Ich hatte glückliche Angestellte, brave Leute – die Katalanen sind Schufter. Das Haus wurde noch ein bisschen instand gesetzt, und vor dem Wintereinbruch hatte ich noch grosse Einkäufe zu machen, denn in einem so abgelegenen Bergtal gab es für den täglichen Bedarf an Nahrungsmitteln keinen Nachschub.

Die Leute liessen nicht auf sich warten. Unser Treuhänder in Barcelona war auch mein Agent, über ihn erreichte ich, dass der Fussballclub Barcelona sein Konditionstraining für einige Tage nach Núria verlegte. Das stand dann in der Zeitung und war die billigste und beste Werbung für uns. So war über Weihnachten und Neujahr die Bude bereits voll.

Neben dem Skigebiet hatten wir auch ein Eisfeld, das zuerst aber nicht so recht gefrieren wollte. Bis ich merkte, dass mein Eismeister das ausbetonierte Becken bis an den Rand mit Wasser gefüllt hatte und auf die Seegfröörni wartete. Als wir dann die gängige Eismethode mit stetigem Besprühen anwendeten, hatten wir bald schon ein herrliches Feld, das während der ganzen Saison nie mehr schmolz. Auf diesem Eis drehte auch eine deutsche Baronin ihre Pirouetten, sie war Gast bei uns und sprach fliessend Spanisch. Normalerweise sind Baroninnen reich, sie aber kam eines Tages zu mir und sagte, sie habe kein Geld und würde gerne Unterricht erteilen. Ich war noch so froh, gab ihr freie Kost und Logis. Was sie auf dem Eis kassierte, war ihre Sache.

Juan Antonio Samaranch, der spätere Präsident des Olympischen Komitees, war Stammgast bei uns. Mit ihm organisierte ich das internationale Hockeytournier von Núria. Aus der Schweiz kamen die Küssnachter, aus dem Tirol die Silz Bulls, und Samaranch vermittelte den Hockey Club Femsa Madrid. Die Österreicher schwangen schliesslich obenaus und ergatterten den Pokal.

Sport- und Wallfahrtsort
Das Vall de Núria, 1967 m ü. M., liegt in den katalanischen Pyrenäen, nahe der französischen Grenze. Das Hochtal ist ein beliebtes Ausflugsziel der Katalanen, umgeben von Gipfeln, die die Dreitausendmetermarke streifen. Hier gibt es auch ein Skigebiet: Gesamtlänge der Pisten 7,6 km, Bergstation auf 2252 m ü. M. Das Sanktuarium der Muttergottes von Núria als Wallfahrtsort kann nur zu Fuss über den historischen Pilgerpfad (Camí vell de Núria) erreicht werden oder mit der Cremallera de Núria (einzige Zahnradbahn Spaniens), Länge 12,5 km, Höhendifferenz 1059 m. Die Schutzhütte und Kapelle stammen aus dem 12. Jahrhundert Auch die Marienstatue Nostra Senyora de Núria dürfte in dieser Zeit entstanden sein. Sie ist die Schutzpatronin der Pyrenäenschäfer. Um 1300 soll hier oben der Benediktiner Abt San Gil in einer Höhle gelebt, den Hirten gepredigt und mit ihnen gegessen haben. Die Glocke, mit denen er die Hirten rief, und der Topf, von denen alle speisten, befinden sich im Heiligtum. QUELLE: *www.valldenuria.cat*

Puigmal

Heini Caduff, mein Bündner Skilehrer-Kollege aus Candanchú, arbeitete mittlerweile auch bei mir in Núria, und eines Tages beschlossen wir, mit Gästen den 2913 Meter hohen Puigmal zu besteigen. Das war eine anspruchsvolle Skitour, und irgendwie gefiel mir die Idee, zur Krönung des Tages auf dem Gipfel eine Paella zu servieren. Es war schon fast eine kleine Expedition, etwa fünfundzwanzig Leute, darunter auch einige einheimische Angestellte als Träger. Gegen Ende März, nach einer klaren Nacht war der Schnee pickelhart, ohne Harsteisen waren diese steilen Hänge, die sich zum Puigmal hinaufzogen, gar nicht einfach. Zuvorderst marschierte unser «mozo» mit einer riesigen Paella-Pfanne auf dem Buckel, ich ging ungefähr in der Mitte der Kolonne und Heini war der Schlussmann. Im obersten Teil zum Gipfel hin wurde der Berg etwas flacher, aber der Hang war mit Felsbändern durchsetzt.

Mit den Einheimischen war auch ein vielleicht neunjähriger Bub mitgekommen, der ein sehr guter Skifahrer war. Kaum hatten meine Leute ihre Lasten deponiert, stürzte sich dieser Schlingel übermütig auf die Pfanne, hockte hinein und hielt sich an den Griffen. Wie mit einem Schlitten glitt er über den Schnee und bekam Schuss auf der eisigen Flanke. Ich schrie, und etwas weiter unten reagierte Heini Caduff geistesgegenwärtig, er holte den Schlingel von der Pfanne, die im Garacho zu Hölle fuhr. Es gab keine Paella, aber der Bub war gerettet.

Català

Die Ostpyrenäen gehören zur Provinz Catalunya, da reden die Leute «català». Die katalanische Sprache ist kein spanischer Dialekt, sondern wie das Rätoromanische eine aus dem Lateinischen hervorgegangene eigenständige Sprache. Das war für mich in Núria ein Vorteil. Von Beginn an verstand ich die Sprache meiner Angestellten, und bald schon redete ich halbwegs Katalanisch. Ich interessierte mich auch für die katalanische Küche, stand oft neben meinem Chefkoch und schaute in seine Pfannen. Die «cuina catalana» ist eine Mittelmeerküche, aber da sind natürlich auch die Berge, und so war unser Essen eine Verbindung von «mar i muntanya». Bei manchen Eintopfgerichten gibt es Kombinationen von Meeresfrüchten und Fisch mit Fleisch. Man bekommt aber auch viele feine Wurstwaren wie die «llonganissa», «fuet» und «bull».

Eine zentrale Rolle in der katalanischen Küche spielt die Zwiebel. Viele Gemüse wie Zucchini, Auberginen, Artischocken oder Tomaten werden mit aromatischen Kräutern, Paprika, Knoblauch und stets mit Olivenöl zubereitet. Neben dem Hotel stand ein Stall, wo wir unsere eigenen Schweine hielten, die im Sommer draussen waren. Die katalanische Küche habe ich sehr gern, und «paella» mache ich wie ein Spanier. Das ist eigentlich eine valencianische Spezialität, aber das Wort ist katalanisch und meint eine flache Pfanne.

Katalanisch
Katalanisch ist eine romanische Sprache, die in Katalonien, Teilen Aragoniens und der Provinz Valencia, auf den Balearen, in Andorra, im Roussillon (Pyrénées-Orientales) sowie in Alghero auf Sardinien von rund 7 Millionen Menschen gesprochen wird. Wesentliche Komponente des Katalanischen ist das gesprochene Latein; einige Hundert katalanische Wortformen lassen sich vom Arabischen herleiten, auch italienische und französische Elemente wurden im Laufe der Entwicklung aufgenommen. – Das «Vaterunser» auf Katalanisch: *Pare nostre, qui esteu en el cel, ¶ sigui santificat el vostre nom; ¶ vingui a nosaltres el vostre regne; ¶ faci's la vostra voluntat, ¶ aixi en la terra com en el cel. ¶ El nostre pa de cada día doneu-nos avui; ¶ i perdoneunos les nostres culpes, ¶ aixi com nosaltres perdonem els nostres deutors; ¶ i no permeteu que nosaltres caiguem en la temptació, ¶ ans deslliureunos del mal. Amén!*
QUELLE: «Meyers Enzyklopädisches Lexikon» und MSN Encarta, *Katalanisch*

Lobos

Im Sommer ging ich fischen. Auf einem höhergelegenen Plateau fand ich mein Paradies, fünf oder sechs Seen, die alle miteinander verbunden waren. Aber wie ich das erste Mal dort oben die Rute schwang, fing ich keinen Schwanz. Bei meinem zweiten Gang hinauf nach Carança begleitete mich der Bub, der mit uns auf dem Piugmal gewesen war. Er hütete im Sommer bei den Seen das Vieh seines Vaters. Als ich meine Rute hervornahm, sagte der Bub, so fange man doch keine Fische, das mache er mit blosser Hand. Ungläubig fragte ich ihn, ob er denn in den See hinausschwimme? Der Knirps lachte und zeigte mir seine Kunst. Tatsächlich tummelten sich in den Bächen zwischen den Seen stattliche Forellen, die aber augenblicklich unter den Steinen verschwanden, doch der Bub griff ruhig und mit sicherer Hand in die Verstecke, und schon lagen die zappelnden Fische uns zu Füssen.

Eines Tages kam ein Angestellter zu mir und sagte: «Padrón, schau, was ich da habe!» Er hielt in seinen Armen drei Welpen, ich streichelte und koste die Hündchen. Aber mein Angestellter belehrte mich, das seien kcine «perros», das seien «lobos» – oh, Wölfe. Er habe sie dort und dort gefunden und werde sie jetzt dem Bürgermeister bringen. Das gebe Geld, dann würden sie getötet. Die jungen Wölfe waren vielleicht zehn Tage alt. Ich sagte sofort, ich böte ihm mehr, als der «alcalde» bezahle, er solle die Tiere zurückbringen, wo er sie gefunden habe. Er tat es. Aber es nähme mich schon wunder, ob die Wölfin die Welpen doch wieder aufnahm.

Nou Creus

In Núria hatte ich eine französische Freundin, die eigentlich ein Mann war. Sie arbeitete als Mannequin in Barcelona und war oft für ein paar Tage bei uns zu Gast. Eines Tages, es war schon Herbst, machten wir eine gemeinsame Bergtour über den Pass Nou Creus hin zu den Carança-Seen. Ich nahm Decken mit, um ein Lager einzurichten, denn wir wollten in dieser zauberhaften Landschaft übernachten. Ich baute eine Feuerstelle, briet Lammkoteletts, die Knochen warfen wir in die Büsche. Bis tief in die Nacht hinein hockten wir noch an unserem Feuer und plauderten.

 Plötzlich fuhr meine Freundin erschrocken auf, deutete zu den Bäumen hinüber, was das für Lichter seien? Tatsächlich bewegten sich da funkelnde Augen, in vielleicht fünfzehn Meter Entfernung. Mir war es auch nicht mehr wohl, ich legte neues Holz in die Glut und versuchte, mit den brennenden Ästen unsere Belagerer zu verscheuchen. Das nützte jeweils nur für kurze Zeit, schon waren die Augen wieder da. Wir schliefen kaum, verbrachten eine schlimme Nacht.

 Beim Morgengrauen sah ich im Geröllfeld unterhalb des Passes ein Rudel Wölfe, das in Einerkolonne den Neun Kreuzen zustrebte, und mitten drin, ich traute meinen Augen nicht, ein Hund, ein Dobermann! Die Wölfe schienen das Tier zu akzeptieren. Auf dem Heimweg erzählte ich die Begebenheit einem Hirten, der mir sofort eine Erklärung lieferte. Die deutsche Wehrmacht habe, wie sie bei Kriegsende abgezogen sei, ihre Schäfer- und Dobermannhunde einfach zurückgelassen – es gebe Tiere, die anscheinend Anschluss bei ihren Artverwandten gefunden hätten.

Luis

Dieser Hirt kam mit seinen Schafen jeweils bis vor die Hoteltüre, ich erinnere mich noch gut an unsere erste Begegnung. Vielleicht muss ich noch sagen, dass die Hirten in Spanien Eigentümer ihrer Herden sind. Das sind oft tausend bis zweitausend Tiere, mit denen sie das ganze Jahr auf Wanderschaft gehen; zuhause bei seiner Familie ist ein Hirt nur für wenige Tage im Jahr. Im Winter geht er mit den Schafen in die tiefer gelegenen Talschaften, im Frühling ziehen sie bergwärts, bis sie im Hochsommer die letzten Weiden in der wilden Pyrenäenkette erklimmen. Gegen den Herbst hin kommen sie wieder talwärts. Der Hirt verkauft vielleicht ein Drittel seiner Herde auf dem Markt. Dann findet die «fiesta del pueblo» statt, das Dorffest, welches eine ganze Woche dauert, da würde es sich lohnen, einmal hinzugehen. Es werden auch Wettkämpfe veranstaltet, an denen der geschickteste Hirtenhund erkoren wird. Das sind superintelligente Tiere, die können lesen und schreiben, bin ich fast versucht zu sagen.

Als ich den Hirt das erste Mal vor der Tür meines Hotels traf, lud ich ihn zum Mittagessen ein, aber Luis wollte das Haus nicht betreten, sein Speisesaal sei der freie Himmel. Für die Nacht offerierte ich ihm ein Zimmer, aber sein Gemach war das Sternenzelt.

Luis war genügsam, und wenn er von zuhause loszog, packte er in seinen Sack nur Salz und Tabak. Denn er lebte von der Milch seiner Tiere, schlachtete von Zeit zu Zeit ein Lamm und machte sich mit Gräsern eine Suppe! Ich und du, wir können das nicht, er schon. Das Feuer entfachte Luis, tschugg, tschugg, mit getrockneten Pilzen. Die Menschen, die immer draussen sind, so wie er, die werden wieder Urmenschen – und die denken ganz anders als wir.

Nur so ist für mich das folgende Erlebnis plausibel. Auf der Jagd hatte ich zwei Pyrenäen-Gämsen erlegt, sie sind rötlicher gefärbt als unsere in den Alpen und haben weisse Partien an Hals und Flanken. Als Träger holte ich zwei «mozos» im Hotel, ich hatte die Tiere auf einem abgelegenen Plateau gelassen. Wie wir am andern Tag die Anhöhe erreichten, kam uns Luis entgegen, ich fragte ihn, wohin er gehe? «Nirgends», war seine Antwort, «ich wusste einfach, dass du kommst.»

Diese kuriose Begegnung kann ich nicht vergessen: Wo gibt es noch solche Menschen? Du hast einen Freund, und er ist weit weg von dir. Du gehst in seine Richtung, er spürt das und kommt dir entgegen.

Wanderweiden
«Vías pecuarias» heissen in Spanien die Viehwege (Triftwege) zwischen verschiedenen Weideplätzen. Diese «Vias» bilden ein dichtes Netz, welches traditionell für die Wanderweidewirtschaft (Transhumanz) genutzt wird. Ihre Länge beträgt im Einzelfall bis zu 800 km. Die Summe aller spanischen Wege ergibt etwa 125 000 km und nimmt eine Fläche von 450 000 ha in Anspruch. Die grössten Triftwege sind die Cañadas Reales (katalanisch Carreradas); sie sind 75,22 m breit und oft über 100 km lang. Seit der Römerzeit ermöglicht diese Bewirtschaftungsform den Menschen in Spanien eine nachhaltige Nutzung der erosionsgefährdeten Böden. Übrigens ist auch die Hauptstrasse Madrids ein gesetzlich zugesicherter Schafweg, der aber nur noch sporadisch genutzt wird zu Demonstrationszwecken, um das verbürgte Anrecht nicht in Vergessenheit geraten zu lassen. QUELLE: *Damien Simonis, Susan Forsyth, «Spanien», 2007*

Competición de esquí

Import

Mit seinen aus der Schweiz eingeführten Brettern machte Albert Santamaria, der Pionier des katalanischen Ski-Sports, im Dezember 1908 seine ersten Abfahrten an den Hängen von Rasos de Peguera in den westlichen Pyrenäen. 1911 wurde mit der «Setmana d'Esports d'Hivern» der erste Ski-Wettbewerb in Ribes de Freser (Nuría) veranstaltet. 1928 wurden in Candanchú die ersten Skikurse Spaniens organisiert. Mittlerweile gibt es in Katalonien insgesamt 16 Ski-Resorts, die 12 000 Arbeitsplätze bieten.
QUELLE: *Jenna Steenken, 100 Jahre Ski-Kultur in Spanien, 2009*

Das Hotel im entlegenen Núria in den schwarzen Zahlen zu halten, war kein leichtes Unterfangen. Die Spanier kamen vor allem im Winter. Um uns bemerkbar zu machen, mussten wir uns immer wieder etwas einfallen lassen. So setzte ich mir im zweiten Winter in den Kopf, ein internationales Skirennen zu veranstalten, das erste internationale Skirennen in Spanien überhaupt!

Ende März reiste ich nach St. Anton an das Arlberg-Kandahar-Rennen, das war damals der letzte grosse Wettbewerb im alpinen Skirennsport. Am Schluss der Veranstaltung gelang es mir an einer Sitzung, den Fahrern zum Saisonschluss ein Rennen in den Pyrenäen schmackhaft zu machen. Das brauchte einige Überzeugungsarbeit, zuerst lachten alle und sagten, in Spanien werde doch im besten Fall Wasserski gefahren. Aber schliesslich reisten wir mit einem Autocar voller Ski-berühmtheiten aus Österreich, der Schweiz, aus Frankreich und Deutschland wie die Zigeuner nach Spanien hinunter und hinauf in die Pyrenäen.

Schussfahrt:
Cla Famos
als Ski-Ass.

Wir scheuten keinen Aufwand, veranstalteten zuerst einen Riesenslalom, den der Franzose Henri Oreiller gewann, dann noch ein Slalomrennen, bei dem der Österreicher Othmar Schneider obenaus schwang. Bei diesem ersten internationalen Skirennen Spaniens bekam ich wieder Unterstützung von Juan Antonio Samaranch in Barcelona. Er sprach sich dafür aus, dass dort die Siegerehrung und Preisverleihung stattfinden sollte. Zu Ehren der internationalen Skirennfahrer organisierte Samaranch noch eine «corrida de toros», einen Stierkampf, an dem ein Matador seine Mütze Othmar Schneider überreichte und ein anderer seine Kopfbedeckung dem Franzosen Henri Oreiller, die beide schon Olympiasieger gewesen waren.

Señor Obispo

Unser wichtigster Gast im Hotel war mein Dienstherr, Bischof Ramón Iglesias Navarri. Jede zweite oder dritte Woche kam er zu Besuch. Der Würdenträger hatte sein eigenes Zimmer, das stets für ihn reserviert war, ein schönes Zimmer. Er war unser Gast Nummer eins, ich liess immer etwas Besonderes kochen für ihn. «llenguado», Seezunge, mochte er gern oder «llobina», Loup de mer, dann auch «bistec ala argentina», ein dünn geklopftes, paniertes Steak, ganz schnell im heissen Öl gebacken. Aber eigentlich war unsere Exzellenz ein sehr bescheidener Mensch. Als er einmal unangemeldet angereist war, erkundigte ich mich, was er zu speisen wünsche? Er fragte mich, ob ich schon gegessen habe? Wie ich ja sagte, wollte er wissen was? An diesem Tag, hatte ich «col y patatas», etwas sehr Einfaches, gegessen. Auch der Bischof begnügte sich dann mit Kohl und Kartoffeln.

Wir waren oft zusammen, wurden uns immer vertrauter, man konnte mit ihm über alles reden, unsere Themen reichten von der spanischen Geschichte über den Katholizismus bis zum Bordell. Wir sassen öfters noch um Mitternacht in der Hotelhalle, plauderten und tranken einen guten Rioja. Als ich wieder im Engadin war, hatte ich keine Verbindung mehr zu ihm. Aber ich konnte diesen aussergewöhnlichen Menschen nicht vergessen. Wenn ich dann und wann in der freien Natur ein Gebet verrichtete, sah ich sein Bild, so klar und deutlich, als wäre der Obispo Ramón Iglesias Navarri tatsächlich zugegen.

Bischof Navarri
Ramón Iglesias Navarri (* 28. Januar 1889 in Durro im Vall de Boí; † 31. März 1972 in La Seu d'Urgell) war Bischof von Urgell und Kofürst von Andorra vom 4. April 1943 bis zum 29. April 1969. (Gemäss andorranischer Verfassung fungieren in einer besonderen Form der «Doppelherrschaft» der Bischof von Urgell und der französische Staatspräsident als kollektive Staatsoberhäupter.) Während seiner Amtszeit in der politisch heiklen Phase des Zweiten Weltkriegs wahrte Bischof Navarri die andorranische Neutralität, stärkte aber auch den spanischen Einfluss. Später förderte er die Bekanntheit und den Tourismus Andorras. QUELLE: *Obispo Navarri*, www.ribagorza.com

El vive

Ich war bereits über zehn Jahre verheiratet, als ich 1972 mit meiner Frau Liliane auf einer Spanienreise von San Sebastián über Saragossa, Candanchú und Barcelona schliesslich auch noch einen Abstecher nach La Seu d'Urgell machte. Da stand ich vor der bischöflichen Residenz und sagte zu meiner Frau, in diesem Haus sei ich schon gewesen, da wohne mein Freund. Etwa zweihundert Meter weiter oben war ein Restaurant, dort stiegen wir ab, um etwas zu Mittag zu essen. Ich öffnete die Karte und sagte zu Liliane: «Ah, da gibt es etwas, das du noch nie gegessen hast: ‹calamares en su tinta›.» Calamares in der Tinte gekocht, man bekommt schwarze Lippen von dem Zeug. Liliane bestellte schliesslich die Tintenfische, ich wollte hinunter zur Residenz, um mich nochmals ein bisschen umzuschauen.

Am Portal kam eine Nonne auf mich zu, geschwind fragte ich die Schwester, ob der Bischof noch lebe? Seltsam leise sagte sie: «Si, él vive.» Wie ich andeutete, dass ich ihn gerne besuchen würde, gab sie mir traurig zu verstehen, dass der «Obispo» auf dem Sterbebett liege. Er sei ganz schwach und habe schon die Letzte Ölung bekommen. Ich ging traurig weg, blieb jedoch stehen, sann nach, machte kehrt und wandte mich nochmals an die Klosterschwester: «Hermanita, Ramón hatte mich verrückt gern, er war wie ein Vater zu mir. Lass ihn grüssen von Nicolas von Núria!» Das könne sie nicht, aber sie ging ins Haus und kam mit zwei Priestern zurück, die mir bedeuteten, ich dürfe das Krankenzimmer betreten und bei der Tür dem Sterbenden still die letzte Ehre erweisen.

Um das Himmelsbett des Bischofs stand eine ganze Abteilung von Geistlichen. Ich sah nur sein weisses Antlitz und die Haare. Aber er schaute mich an, ich spürte, dass er mich kannte, er lächelte, gab mir ein Zeichen. Ich trat ans Bett, nahm seine Hand, küsste den Ring. Auch er drückte mir lange die Hand. Ich schwieg, wollte etwas sagen, lachte und weinte. Mein sterbender Freund hatte ein wunderschönes Gesicht. So hob er die Hand, gab mir zum Abschied seinen Segen. Da gab mir jemand ein Zeichen, ich solle jetzt gehen.

Zurück im Restaurant, reichte mir meine Frau die Karte, aber mir war es nicht ums Essen. Ich bestellte einen doppelten Cognac und beglich schleunigst die Rechnung. Wir standen schon unter der Tür, da hallte es von der Kathedrale, es läutete nur eine einzelne Glocke, die Serviertochter rief entsetzt: «O Dios, el Obispo ha muerto!» Mir kamen die Tränen, Liliane fuhr. So ist das Leben, Ramón war tot.

Tramuntana

Das Hotel in Núria war keine Goldgrube. Die Logistik war ein Problem, denn über Weihnachten und Ostern transportierte die stets überlastete Zahnradbahn überhaupt keine Waren. Fisch, Fleisch, Gemüse, Früchte mussten wir vorher mit hinaufnehmen. Aber es gab nur einen kleinen Kühlraum. Die meisten Frischprodukte kamen in den Keller oder mussten im Schnee eingegraben werden. Diese Art der Konservierung führte zu grossen Einbussen. Unser Küchenchef war aber ein gewiefter Mann. Das Frischfleisch beispielsweise vergrub er nicht wie den Fisch im Schnee. Ganze Seiten liess er für längere Zeit im Keller hängen, sodass sich auf dem Fleisch eine stinkende grüne Schicht bildete, die vor der Zubereitung säuberlich weggeschnitten werden musste. Das führte zwar zu Verlusten, aber durch diese extraordinäre Lagerung schmeckten die Stücke wie Hirn! Die Gäste zeigten sich begeistert und sagten, solches Fleisch gebe es nur in Núria.

    Ein grosses Problem war auch der Tramuntana. Dieser brutale Nordwind, wenn der kommt, dann bläst er nicht nur ein, zwei Tage. Der kann ruhig eine Woche lang toben, da geht dann niemand mehr aus dem Haus, denn von den Pyrenäen bis zum Nordpol gibt es keine andern schützenden Berge. Geschah dies an Ostern, stand das Hotel leer. Die Lebensmittel verdarben, vieles verschenkte ich aber rechtzeitig den Angestellten, auch für ihre Tanten, Onkel und Nachbarn.

Nach vier Jahren, 1956, begann ich mich umzusehen, das Geschäft in Núria war mir zu riskant. Ich redete auch mit Gästen, das machte die Runde, und eines Tages bekam ich einen Brief aus Barcelona, in dem mir die Führung eines renommierten Hotels auf Mallorca angeboten wurde. Diese Chance wollte ich packen, ich traf mich mit dem Eigentümer, einem steinreichen, jüdischen Teppichhändler, in Barcelona. Wir waren uns schnell einig, und ich hatte den Vertrag im Sack.

Fallwinde
La Tramuntana (katalanisch), Tramontana (spanisch, italienisch), Tramontane (französisch) ist ein starker, kalter und trockener Fallwind, der das regionale Klima in Südfrankreich, Nordspanien, Ligurien, Kroatien massgeblich beeinflusst. Die «Tramuntana» zählt wie der «Favonio» im Tessin, die «Bise» im oberen Rhônetal und der «Mistral» im unteren Rhônetal zu den so genannten Nordföhn-Windsystemen. Während sechzig bis siebzig Tagen pro Jahr bläst dieser Wind vornehmlich im Winter. Er kann sowohl bei stabiler wolkenfreier Schönwetterlage als auch bei mittlerer bis starker Bewölkung auffrischen. Im letzteren Fall tritt oft eine Verschlechterung der Wetterlage ein, gefolgt von starken Böen und Regen. Die Fallwindhöhe beträgt auf ungefähr 50 Kilometer Horizontaldistanz über 3000 Meter, was für das Mittelmeer aussergewöhnlich ist. QUELLE: *Pott, Hüppe, Spezielle Geobotanik: Pflanze, Klima, Boden, 2007*

Pino negro

Von Núria, den Bergen, dem Tal und seinen Menschen trennte ich mich sehr ungern. Hätte der Laden rentiert, wäre ich wahrscheinlich heute noch in den Pyrenäen. Ich liebe dieses karge Gebirge mit den stillen Tälern, wo es nicht alle vier bis fünf Kilometer ein Dorf gibt. Im Vergleich dazu sind die Alpen übervölkert. In den Pyrenäen wächst der «pino negro», ein Baum wie unsere Arve, aber das Holz ist so harzhaltig, dass es zum Bauen kaum verwendbar ist. Aber wenn man davon grüne Äste ins Feuer legt, brennt das wie Benzin. Der Gedanke an dieses Holz und sein Parfüm, macht mich traurig und froh.

Cla Famos wird seine Stelle auf Mallorca nie antreten. Noch in Núria bekommt er einen Brief von seiner Mutter, in dem sie ihren Sohn bittet, nach Hause zu kommen. Clas Vater hat den Verlust der Pasticceria Svizzera in Foggia nie richtig bewältigt, er beginnt heimlich zu trinken, bis er ganz dem Alkohol verfällt. Seine Frau muss das Hotel in Martina alleine führen und sieht sich überfordert. Schweren Herzens eilt der Sohn seiner Mutter zu Hilfe. Wie er den Vater sieht, weiss Cla, dass er bleiben muss.

In Foggia war mein Vater ein kleiner Fürst gewesen,
der mit dem Sindaco, dem Bürgermeister, dem Polizeichef
und dem Bischof verkehrte. Hier im Engadin war Anton
Famos ein gewöhnlicher Wirt. Dieser Abstieg war die
Ursache für sein Laster. Ich versuchte alles, um ihn vom
Schnaps wegzubringen, aber dann trank er im Keller
und im Stall. Schliesslich starb mein Vater an seiner Sucht.

Ich liess meine Mutter nicht im Stich. Jetzt war ich
anstelle meines Vaters der Wirt. Mit vielen kleinen Massnahmen versuchte ich, den Laden in Schwung zu bringen.
Ich baute einen Saal für Hochzeiten und Tanzanlässe,
streckte meine Fühler aus, um mit Busunternehmungen
in Österreich und Deutschland zusammenzuarbeiten,
und ich baute in Martina eine Tankstelle, die zur Domäne
meiner Mutter wurde und dies bis in ihr hohes
Alter blieb.

Es kamen Autobusse vor allem aus Garmisch,
Mittenwald, Innsbruck, welche Passfahrten in die Schweiz
organisierten und nun bei mir am Grenzübergang
Zwischenstation machten. Die Chauffeure wurden wie
die Könige empfangen und in der Küche mit Speck, Käse
und Spiegeleiern verköstigt. Wenn der Rubel rollte,
gab es eine Provision.

Wirtschaftsflaute
Bei Kriegsende sah die wirtschaftliche Zukunft Graubündens düster aus. Der Staat war stark verschuldet, während die Steuererträge wegen der Wirtschaftsflaute unter den Erwartungen blieben. Das staatliche Finanz- und Notprogramm, das mit vielen Abstrichen 1953 in Kraft gesetzt wurde, griff kaum. Der im Vergleich zur Gesamtschweiz übergrosse Anteil der Land- und Forstwirtschaft sowie der schwach ausgebildete Sekundärsektor (Handwerk, Gewerbe und Industrie) vermitteln das Bild einer unterentwickelten Industrie. Die Zukunft der Landwirtschaft, die sich ohnehin in einer prekären Lage befand und im Berggebiet unter besonders ungünstigen Produktionsbedingungen betrieben werden musste, war unsicher, falls die besonderen Förderungsmassnahmen des Bundes die im Zeichen der «Anbauschlacht» geleistet worden waren, dahinfallen sollten. (Den Bauern wurde mit Saatgut, Dünger, Maschinen, Arbeitskräften, Zugtieren ausgeholfen.) QUELLE: *«Handbuch der Bündnergeschichte», Band 3, Seite 344*

Da wir jeden Tag andere Gäste zu verpflegen hatten, tischten wir für sechs Franken immer das gleiche Menu auf: Schnitzel mit Pommes frites oder Piccata milanese. Im vorderen Stübli hatten wir einen Schrank mit Schokoladen, Zigaretten und Tabak. Ein Onkel, der von Beruf Maler war, verfertigte eine Tafel mit der Aufschrift: Geldwechsel, Exchange, Cambiavalute. Die Tafel hing an der Tür, und mit Hilfe der Chauffeure lief der Devisenhandel wie geschmiert.

Bald einmal war der Korpus im Stübli zu klein, wir bauten neben dem Hotel einen Kiosk – heute würde ich sagen eine schäbige Baracke. Meine erste Kundin war eine kleine, dicke Französin, die sehe ich vor mir, wie wenn ich ihr vor einer Stunde begegnet wäre, die stand da mit ihren blonden, wilden Locken und sagte: «Vous avez du chocolat s'il vous plaît?» Sie kaufte eine Toblerone, und ich dachte, das wäre jetzt meine erste Kundin. Wenn ich wüsste, wo sie ist, würde ich sie besuchen gehen und ihr etwas Schönes mitbringen.

Es lohnt sich zu sterben

Im Frühsommer 1956 macht Cla mit seinem Motorrad einen Ausflug über die Grenze. Irgendwo in einer Schlucht im Tirol blendet ihn ein entgegenkommendes Automobil, er verliert die Beherrschung über sein Vehikel und kollidiert mit einer Felswand. Clas lebloser Körper wird ins Spital von Zams eingeliefert, er wird identifiziert, und der Notarzt bedeutet dem anwesenden Polizisten, dass das Opfer seinen schweren Verletzungen wohl erliegen werde. Der Beamte handelt prompt, die Eltern werden in Kenntnis gesetzt, und in der Lokalzeitung erscheint anderntags die Meldung vom Tod des jungen Mannes aus Martina. Die Beerdigung ist angeordnet und datiert. Nach längerer Bewusstlosigkeit öffnet der Totgesagte vor seiner Überführung in die Schweiz unverhofft wieder seine Augen, er lebt. Für Cla ist sein Abstecher ins Reich der Toten eine aufschlussreiche Erfahrung. Allein die Kondolenzbezeugungen von Leuten, von denen man es nie gedacht hätte, waren beeindruckend – im Gegensatz zu jenen, die wider Erwarten nicht einmal ein Kärtchen schickten. Es lohne sich zu sterben, um zu sehen, mit welchen Leuten man umgeben sei!

Scheintot
Wer einmal scheintot gewesen ist, kann davon Schreckliches erzählen, aber wie es nach dem Tode ist, das kann er nicht sagen, er ist eigentlich nicht einmal dem Tode näher gewesen als ein anderer, er hat im Grunde nur etwas Besonderes «erlebt» und das nicht besondere, das gewöhnliche Leben ist ihm dadurch wertvoller geworden. (...) QUELLE: *Franz Kafka, «Vom Scheintod», Nachlass 1918–1922*

Liliane

Frühling
Wenn der weiße Flieder wieder blüht, ¶ sing' ich dir mein schönstes Liebeslied. ¶ Immer, immer wieder knie ich vor dir nieder, ¶ trink mit dir den Duft vom weißen Flieder. ¶ Wenn der weiße Flieder wieder blüht, ¶ küss' ich deine roten Lippen müd'. ¶ Wie im Land der Märchen werden wir ein Pärchen, ¶ wenn der weiße Flieder wieder blüht
…

Totgesagte leben länger, das war mir recht. Denn in Nauders hatte ich eines Tages einen Feriengast kennen gelernt, eine hübsche Berlinerin, eine tolle Frau. Ich entschloss mich, in Spanien Ferien zu machen, gab ein Telefon nach Berlin und lud meine Freundin ein, mich zu begleiten. An ihrem Arbeitsplatz bekam sie Urlaub, aber sie hatte kein Geld, um den Flug nach Zürich zu bezahlen. Wenn es nur das war – ich hatte einen Verwandten, der auf dem Swissair-Reisebüro in Zürich arbeitete.

Bei ihm bestellte ich ein Ticket, das er mit der Post nach Berlin senden sollte. Aber Curdin war finanziell immer auf dem Hund und konnte das Geschäft nicht unverzüglich abwickeln. Er werde doch sicher jemanden kennen, sagte ich, der die dreihundertfünfzig Franken vorschiessen könne. Schliesslich fand er eine Arbeitskollegin, die ihm das Geld lieh. Diese Schuld wollte ich möglichst schnell begleichen und fuhr bald zur Swissair nach Zürich. Mein Cousin stellte seine Kollegin vor – Liliane Decarro, eine charmante, wunderhübsche Frau. Ich beglich meine Schuld und zum Dank überreichte ich meiner Kreditgeberin einen Strauss weissen Flieders. Der Zufall spielte, es waren ihre Lieblingsblumen.

Frühling 1959:
Liliane Decarro,
verliebt, verlobt
…

...
Frühling, Frühling, Frühling,
wer liebt dich nie wie ich.
¶ Frühling, Frühling, Frühling,
voll Glück erwart' ich dich!
¶ Ach schein in mein Stübchen
recht bald nur herein, ¶ mein
Schatz hat schon Sehnsucht
nach dir! ¶ Er sagt: Ich brauch'
Sonne, um glücklich zu sein,
¶ dann wünsche dir alles
von mir. ¶ Komm Frühling,
komm, der du uns zwei vereinst,
¶ schein' und erfüll' unser
Sehnen! ¶ Wenn der weisse
Flieder wieder blüht
...

QUELLE: «Wenn der weisse Flieder wieder blüht», 1928, Schlagerhit von Franz Doelle (Musik) | Fritz Rotter (Text) und gleichnamiger Liebesfilm mit Romy Schneider, 1953

Während meines ganzen Spanienurlaubs waren meine Gedanken in Zürich, so fies das tönen mag, das Herz war stärker als der Kopf. Zurück aus den Ferien, ging ich geradewegs bei der Swissair vorbei, ich lud Liliane zum Nachtessen ein, aber sie hatte schon eine Verabredung mit einer Freundin. Dann halt ein anderes Mal, ich sei oft in der Stadt, das werde sich schon ergeben. Eigentlich musste ich ja nie nach Zürich, aber jetzt hatte ich einen Grund, und schon bald fuhr ich auf gut Glück wieder ins Unterland. Auf dem Kerenzerberg telefonierte ich aufs Reisebüro, ich sei gerade am Stadtrand, und ich wiederholte meine Einladung. Es gehe leider nicht, heute sei Swissairabend. So machte ich kehrt und fuhr wieder heim.

Noch einige Male fuhr ich nach Zürich, bis sich unsere Herzen fanden. Dann kam Liliane Decarro in die Berge und blieb. Sie wurde meine Frau. 1960 heirateten wir. Als gebürtige Genferin redete Liliane schon bald Romanisch wie wir. Mehr noch, sie kaufte sich Bücher, studierte unser Vallader à fond. Schriftlich beherrscht sie unser Idiom längst viel besser als ich, sie korrigiert meine romanischen Briefe.

Meine Familiengründung war wie bei allen anderen auch, meine Mutter hatte sich ein bisschen aufgeregt, weil der Anton zu früh auf die Welt kam. Und dann kamen das zweite und das dritte Kind, Urezza und Martina. Wir hatten eine tolle Beziehung.

Liliane Decarro
und Cla Famos
heiraten am
28. Mai 1960.

Cla Famos mit seiner jüngsten Tochter Martina.

Liliane und Cla Famos mit ihren Kindern Urezza, Martina und Anton.

Mit der fünfjährigen Urezza hatte ich einmal ein Problem. Bei Tisch fiel plötzlich eine Gabel auf den Boden, ich dachte, das sei sie gewesen und verlangte von ihr: «Urezza, tegna sü quista furchetta!» Sie weigerte sich. Sie solle die Gabel aufheben, wiederholte ich mehrmals. Sie tat es nicht, ich gab ihr einen Klaps hinter die Ohren. Erst jetzt gestand Anton, dass er es gewesen sei. Urezza war sehr gekränkt, lange Zeit ging sie auf Distanz zu mir.

Liliane stammte aus der Stadt, aber die Berge waren bald schon ihre Welt und alpine Touren ihre Leidenschaft. Im Geschäft half sie mit, wo sie nur konnte. Unser Gemischtwarenladen lief immer besser. Viele Passanten wollten bei uns ihr Geld wechseln, und so baute ich mit einem Handwerker eine kleine Bank aus Stein und Glas. Der Hotelsaal war bei den Einheimischen für Hochzeiten und Firmenanlässe gefragt.

Autorität
Das wenige, was wir über die Erziehungspraxis wissen, deutet denn auch auf die grosse Rolle, die man der Autorität beimass. Martin P. Schmid, der Alltagschronist aus Ftan, erinnerte sich mit einiger Bitterkeit an die Kränkungen, die er als Kind – in der Mitte des 18. Jahrhunderts – von seinem Vater erfahren hatte. Er war in Hosen gesteckt worden, «die weit wie ein Rucksack waren», so dass ihn jedermann auslachte; man hatte ihn mit Drohungen und Beschimpfungen gezwungen, Ziger zu essen, obwohl er diese Speise nicht leiden mochte. QUELLE: *Jon Mathieu: «Bauern und Bären: Eine Geschichte des Unterengadins von 1650 bis 1800», 1987, Seite 141*

Export zwei

Eine merkwürdige Einnahmequelle war in den Sechzigerjahren der durch die Schweizer Behörden legalisierte Ausfuhrschmuggel. Unter der Bezeichnung «Export zwei» bekam auch ich eine Bewilligung des Bundes, um italienische Schmuggler mit Zigaretten zu beliefern. Die «contrabbandieri» kamen bei mir in Martina vorbei, jeder fasste eine «briccola», dreissig Kilogramm Zigaretten, damals waren das vor allem Muratti. Die Schweizer Zollbeamten schauten vorbei, zählten und registrierten, mit der Bestätigung der Ausfuhrmenge erhielt ich von der Eidgenossenschaft eine Rückvergütung.

Der jeweilige Schmuggler-Capo selber trug natürlich keine Säcke über den Berg. Er kam normalerweise einmal pro Woche bei mir vorbei, gab seine Bestellung auf und musste – das machte ich zur Bedingung – schon im Voraus bezahlen. Eines Tages versuchte er, mich für ganz andere, viel profitablere Geschäfte zu gewinnen. Der Drogenhandel aber war für mich tabu. Ich wandte mich an die Polizei in Martina, und wenig später meldete sich bei mir ein «capitano» aus Bozen und bat mich um Kooperation. Ich bot Hand, der Ring flog auf.

Zucker

Beim Geschäften an einem abgelegenen Grenzübergang vollbringt man keine Heldentaten. Aber der Coup, der mir mit dem Zucker gelang, war für unsere Verhältnisse doch eine kleine Sensation. Eines Tages kam ich darauf, dass es möglich war, beispielsweise fünfundzwanzig Tonnen Zucker in Kuba oder Deutschland zu kaufen, diese in der Schweiz zollfrei zwischenzulagern und dann in Hundert-Kilo-Portionen deklariert wieder auszuführen. Da zeichnete sich ein grosses Geschäft ab, denn die zollfreien Zucker-Portionen liessen sich mit sattem Gewinn vor allem an die Österreicher verkaufen.

Um dieses Geschäft aber gesetzeskonform umsetzen zu können, war ich auf die Kulanz der Eidgenossenschaft angewiesen. Dies gelang mir mit Hilfe eines Parlamentariers, der zwar selbst nichts daran verdienen wollte, von mir aber doch zehntausend Franken brauchte, um die Dinge auf der Beamtenebene in Fahrt zu bringen. Es ging um Formalitäten wie Pflichtlager und solches. Mit einem Telefonat nach Bern bewirkte der besagte Betrag ein wahres Wunder, das Transitgeschäft war eingefädelt und abgesegnet. Alsbald verkauften wir pro Tag eine Lastwagenladung Zucker an unsere Tiroler Nachbarn.

Das waren Cla Famos' erste Erfahrungen im einträglichen Zollfreihandel, den er später im Stil von Samnaun mit noch weit mehr Erfolg betreiben wird. Die an Tschlin grenzende Gemeinde Samnaun nimmt in der Schweiz eine Sonderstellung ein. Das Tal war bis vor hundert Jahren vom Engadin derart abgeschnitten, dass Samnaun rein wirtschaftlich zum Tirol gehörte. Aus diesem Grund stellten die Samnauner ein Gesuch an den Bundesrat um Ausschluss aus dem schweizerischen Zollgebiet.

Am 29. April 1892 entsprach die Landesregierung dem Begehren mit folgender Begründung: «Das Hochtal ist fast ausschliesslich auf den Verkehr mit Österreich angewiesen, da infolge schlechter Kommunikation die Transportspesen für den Warenbezug aus der Schweiz zu hoch kommen. Die Ausgaben für das in Compatsch eingerichtete Zollamt übersteigen die Zollerträge.»

Von da an konnten die Samnauner Waren aus dem Ausland abgabenfrei einführen. Und 1913 nach dem Bau einer Fahrstrasse von Martina nach Samnaun wurde der Zollausschluss trotz der veränderten Verkehrsverhältnisse bestätigt. Dieses Privileg hat in den letzten Jahrzehnten die Entwicklung der Gemeinde geprägt. Das Tal hat sich in einen grossen Duty-Free-Shop verwandelt: Der zollfreie Einkauf in Samnaun lohnt sich für Benzin, Zigarren, hochwertige Spirituosen, Kosmetikwaren, Schmuck, Butter und Parfüm.

Cla Famos mit Liliane, Tocher Urezza (Bildmitte) und Freunden der Familie.

Wut

In den Siebzigerjahren ging ich öfters mit zwei Kollegen im Inn fischen. Aus dem sanft vorbeigleitenden Wasser waren mir schon mehrfach phantastische Bilder aufgestiegen, so auch an jenem Herbsttag, als ich unverhofft daran dachte, dass doch der nördlichste Teil unserer Gemeinde Tschlin mit der Val Sampuoir auch zum Zollausschlussgebiet gehört. Ich sagte zu Domenic Janett und Talin Gustin: «Eigentlich müssten wir bei der Acla da Fans einfach einen kleinen Kiosk mit einer Tankstelle bauen und wir wären geputzt und gestrählt.» Mit dem nächsten Fisch, den wir aus dem Wasser zogen, war die Idee wieder weg. Aber der Gedanke liess mich im Grunde nie mehr los und geisterte weiter in meinem Hirn.

Das Zuckergeschäft lief gut, fast zu gut, so dass mein Nachbar, der in Martina eine Sägerei betrieb, mir ins Handwerk pfuschte und sich kurzerhand auch dem Zuckergeschäft zuwandte. Das bedeutete, dass er vor seiner grossen Sägerei, die näher bei der Grenze stand als meine Verkaufsstelle, auch Zucker anbot. Genau genommen aber betrachtete ich das Geschäft mit dem Zucker als meine glorreiche Erfindung, ich kam mir bestohlen vor und holte zum Gegenschlag aus. Und da war sie wieder, die Idee von der Acla da Fans, dem Zollfreiladen auf dem Boden unserer Gemeinde.

Aus purer Wut stand ich eines Tages mit dem Kantonsingenieur Porton hart an der Grenze hoch über dem Schergenbach, der von Samnaun herunterkommt, und erklärte dem Beamten mein Vorhaben: Hügel weg, Strasse verschieben, Bau eines Ladens mit Tankstelle. Dem Beamten leuchtete das Projekt ein.

Samnaun
Schliesslich ist noch ein Anhängsel des Unterengadins zu schildern: die kleine Talschaft Samnaun, romanisch *Samagnun*. Dieselbe würde geographisch ganz zu *Tyrol* gehören, aber schon seit alter Zeit sind ihre oberen Stufen Bündnerboden. Vom Engadin ist sie durch hohe und rauhe Gräte getrennt, welche nur im Sommer gegen Sent oder *Remüs* (Ramosch) oder *Schleins* (Tschlin) hin überschritten werden können. Die Samnauner sind auf den Verkehr mit den Tyrolern angewiesen, daher ist hier die ladinische Sprache durch die deutsche verdrängt worden. Und die Drohungen der österreichischen Nachbarn bewirkten seiner Zeit, dass die meisten Bewohner von der evangelischen Kirche in die römische zurücktraten; die wenigen protestantischen Familien starben aus oder zogen fort. (...) In der bündnerischen Talhälfte wohnen 357 Personen, die fast sämtlich Ortsbürger sind. Ob die daselbst noch vertretenen Geschlechter «Carnot», das dem republikanischen Frankreich einen Präsidenten gab, (...) von hier stammten, wird zweifelhaft bleiben. QUELLE: *Ernst Lechner, «Graubünden – illustrierter Reisebegleiter durch alle Talschaften», 1903, Seite 196*

Zollausschluss
Der Bundesrat hat 1892 gemäss der ihm zustehenden gesetzlichen Möglichkeit das Samnaun aus der schweizerischen Zoll-Linie ausgeschlossen, um den Talbewohnern entgegenzukommen und einen übermässigen Aufwand für die Zollkontrolle an der effektiven Landesgrenze zu vermeiden. 1911 nach dem Bau einer Fahrstrasse von Martina nach Samnaun wurde der Zollausschluss trotz der Veränderung der Verkehrsverhältnisse bestätigt. Den Vollzug und die Regelung der zolltechnischen Einzelheiten überliess der Bundesrat 1892 und 1911 dem Zolldepartement. Dabei war von Anfang an klar, dass allenfalls Massnahmen gegen Schmuggel getroffen werden mussten (vergleiche Bericht des Zoll-Departementes an den Bundesrat vom 25. April 1892). Die Oberzolldirektion, der – heute gemäss Artikel 6 Ziffer 1 des BRB (Bundesratsbeschluss) vom 8. November 1946 über die Organisation der Zollverwaltung – die Vollziehung der Gesetze, Verordnungen und Erlasse des Bundesrates und des Finanz- und Zolldepartementes betreffend das Zollwesen übertragen ist, hat seit jeher die mit dem Zollausschluss zusammenhängenden Anordnungen getroffen. QUELLE: *«Sammlung der Entscheidungen des Schweizerischen Bundesgerichts», 22. März 1974, BGE 100, IB 45*

Benedict Denoth, der damalige Tschliner Gemeindepräsident, gelangte dann mit dem Anliegen an die Kantonsregierung in Chur. Bis dahin hatten wir schliesslich immer nur Nachteile gehabt mit unserer Val Sampuoir. Wenn wir mit dem Vieh und den Schafen durch den Zoll gingen, wurde gezählt und kontrolliert, und aus unserem Alptal im Zollausschlussgebiet ergaben sich für uns nur Umtriebe und Schäden. Jetzt schlug die Stunde der Gemeinde Tschlin, und Benedict Denoth setzte sich in der Kapitale durch. Es ging nicht an, dass immer nur die katholischen Samnauner den Profit bekamen und die protestantischen Tschliner das Nachsehen hatten.

Acla da Fans

Pfandshof
acla: ‹Gadenstatt, Vorwinterung, Maiensäss, Aussenhof›. Überaus häufig. Fans: *Hof da* – deutsch Pfandshof (Tschlin). Wie Fan – zu gotisch fani (Schlamm), woraus engadinisch *fanc* ‹Pfütze› hervorgeht.
QUELLE: *Andrea Schorta, «Rätisches Namenbuch», Band 2, Etymologien, 1964, Seite 2 und 137*

Obwohl unser Dorf von den zu erwartenden Steuern und Abgaben nur hätte profitieren können, sagten mir alle, ich spinne, in dieser verlassenen Strassenkurve Geld zu investieren, und ich würde Haus und Hof verlieren.
Ich bot der Gemeinde und auch Privaten Aktien an, aber fast alle hatten Angst. Meine Frau weinte und meine Kinder sagten: «Papa, pass auf, dass du keinen Blödsinn machst!»

Eines Tages meldete sich der Alois Denoth bei mir, er betrieb die nächstgelegene Tankstelle auf dem Weg nach Samnaun und war gar nicht begeistert von meinem Vorhaben. Er hatte eine grosse Familie. Beinahe wäre ich weich geworden, aber ich war überzeugt, dass der Markt für alle gross genug sein würde. Denn längst waren die Samnauner wohlhabende Leute geworden. Nach dem Krieg noch waren sie arme Bergbauern gewesen dort oben. Sie kamen mit ihren Tieren, die sie in Scuol auf dem Markt verkaufen wollten, jeweils auch bei mir vorbei. Sie waren zu Fuss unterwegs und machten mit ihren Rindern und Geissen in Martina Station. Ein Bauer hatte vielleicht zehn Ziegen, doch die warfen vierzig Kitze – solche Ungereimtheiten konnten oder wollten die Grenzwächter nicht wirklich überprüfen. Jedenfalls war dieses Schmuggeln von Tiroler Zicklein für die Samnauner Bauern eine interessante Transaktion.

Bei mir in Martina übernachteten sie auf dem Heustall – ich selber war ja auch Nebenerwerbsbauer und hatte immer zwei bis drei Kühe. Aber am Abend leisteten sie es sich nicht, bei mir im Restaurant einzukehren. Sie assen ihren eigenen Speck oder Käse, aus meiner Wirtschaft bestellten sie nur den Kaffee. Die Samnauner wollten aber keine normale Tasse, sondern «a Schoola». So hatte ich für die Samnauner extra zwanzig grosse Kacheln angeschafft und verlängerte den Kaffee jeweils mit heissem Wasser. Darin tunkten sie dann ihr hartes Brot. Ja, und die Enkel dieser bescheidenen Bergbauern fahren heute mit einem hunderttausendfränkigen Wagen durchs Tal.

Parfüms

Bei der Eröffnung der Acla da Fans 1984 konnten wir Benzin verkaufen, aber im Laden drohten die Gestelle leer zu bleiben. Denn meine Samnauner Konkurrenten hatten die Lieferanten zum Boykott aufgerufen, ansonsten würden sie selber nichts mehr beziehen.

Es gelang mir schliesslich, einen Parfümvertreter von der aussichtsreichen Lage unseres Ladens zu überzeugen. Ich versprach ihm, dass seine Artikel für alle Zeiten die beste Position in meinen Auslagen haben würden. So war der Bann gebrochen. In Kürze zierten sämtliche Marken unsere Regale, und das Geschäft lief immer besser. Hinterrücks haben die Samnauner sehr wahrscheinlich schon über mich geflucht. Doch Konkurrenz ist immer gut, und ich glaube, dass ich mit der Acla da Fans dem Samnauner Zollausschlussgebiet auch Impulse gab. Beispielsweise begannen wir im grossen Stil Bündnerfleisch zu verkaufen. Die Gegenseite machte sich zuerst lustig, heute haben es alle im Sortiment. Ich möchte aber auch sagen, dass die Samnauner tüchtige Leute sind. Bald schon akzeptierten und respektierten wir uns gegenseitig.

Eine glückliche Fügung war sicher der Tag, als meine Tochter Urezza für den damaligen Geschäftsführer der Acla da Fans als Ferienablösung arbeitete, ihn aber kurzerhand der Veruntreuung überführte und schliesslich als junge Studentin gegenüber mir den Wunsch äusserte, die Leitung der Acla da Fans zu übernehmen. Aus Urezza wurde eine tüchtige Geschäftsfrau, sie führte das Unternehmen schliesslich während fast zwanzig Jahren mit Umsicht und Erfolg.

Unheimliche Partien
Beschreibung der Strecke von Vinadi zur «Acla da Fans» aus dem Jahr 1924: «Es gibt in den Schweizeralpen kaum eine zweite Strasse, die so imponiert wie diese (...). Es war kein Fuss Talboden da, auf den man den Strassenkörper hätte legen können; das ganze Tracé ist in den steilen, verwitterten Felshang des Piz Mondin hineingekerbt worden, durch wilde Seitentobel, fürchterliche Rüfen und unheimliche Lawinenzüge. Man hat erstaunlich viel Mauerwerk auftürmen, Tunnels durch die Felsen sprengen und Galerien bauen müssen, bis (...) ein Weg in die Schweiz geöffnet war. Geradezu unheimliche Partien leistet sich die Strasse in der Lawinengalerie von Val Schais, im Fernertobel und im Val Cotschna; (...) Auf der Schweizerseite des Tales liegt nur eine einzige Behausung am Weg, der «Pfandshof» (Acla da Fans), ein einsames Haus am Ausgang des wilden Tobels von Val Sampuoir (...). QUELLE: Hans Schmid, «Bündnerfahrten – Engadin und südliche Täler», 1924, Seiten 159–161

Il cuvel

Cla hatte viele Seiten. Er war Geschäftsmann, Familienvater und Abenteurer, er zog sich gerne zurück und war ein passionierter Jäger. Am 17. Oktober 2007, drei Wochen nach Clas Tod, bin ich das erste Mal in seiner Höhle. Oft hatte mir Cla von diesem Ort erzählt. Tochter Urezza beschrieb mir die Stelle in der Nordostwand des Piz Ajüz, auf 2755 Meter über Meer. An einem strahlenden Oktobertag mache ich mich auf den Weg von Raschvella über Pramaran, Plan da Mingians und Sur Sassalm an der Mot dal Müs-Chel vorbei, hinauf zum Lai Nair auf 2520 Meter. Von hier quere ich in die schattige Flanke des Piz Ajüz. Das zu Kies errodierte Kalkgeröll ist hart gefroren und glitschig, man kann kaum Tritt fassen. Ich versuche, den griffigeren Felsbändern zu folgen, die hinaufdeuten zu einem kleinen Loch in der Wand des Bergs – vielleicht 150 Meter unter dem Gipfel. Mein Hund begleitet mich, er ist ein guter Kletterer, ab und zu heult er leise, dennoch kommen wir zu Clas Jagdheiligtum, seinem «cuvel», wie er es nannte.

Die Höhle ist geräumig und bietet Schutz vor Wind und Wetter, eine ebene Stelle aber gibt es nicht in diesem Loch, eine kleine Person kann hier vielleicht zusammengerollt dösen. Mich würde es interessieren, ob Cla sich nachts hier mit einem Strick um den Bauch jeweils sicherte, um nicht unversehens in der Val Torta zu landen. – Ich finde eine Pfanne und Besteck. An mehreren Felshaken und zwei Karabinern ist eine Kette in der Wand befestigt und fixiert so die Brüstung der Burg, einen dünnen Erlenstamm, über dem eine gelbe Matte, der Schlafsack und eine blaue Pelzfaserjacke hängen. Ich sitze da, schliesse die Augen und sehe Cla, den Berggänger und Weidmann, und er erzählt uns von seiner Jagd.

Piz Ajüz
agüz: ajü(z), güz (Engadin), gid (Surmeir), git (Surselva) ‹spitzig, scharf›. Zu lateinisch acutiare ‹schärfen, spitzen›, acutus ‹spitzig›. Dazu Crap jüz (Ardez) Pedra jüzza (Scuol), Crasta Güzza (Puntraschigna), Craista Güzza (Scuol), Piz Ajüz (Ramosch, Sent). QUELLE: Andrea Schorta, «Rätisches Namenbuch», Band 2, Etymologien, 1964, Seite 5

Il chatschader

Hier schlief ich gern. Im Herbst, wenn es um sieben Uhr bereits dunkel war, kroch ich in den Sack. Und vor dem Morgengrauen war ich wieder wach. Es ist immer schön am Berg, wenn es tagt. Oft querte ich zum See und ging auf den Grat – und plötzlich war da ein Feuer, der Berg leuchtete und die Sonne war da. Jetzt blies der Bergwind, beim Jagen war das gut. Die Gämsen sicherten nach unten, und ich kam von oben zum Schuss. Das Fleisch behielt ich immer selbst. Die Schinken salzte ich ein für den Winter, das ist eine Delikatesse. Ich legte sie für ein paar Tage in Wein, Salz und Pfeffer ein, dann hing ich sie wegen der Fliegen in einem Netz auf. Das ist das beste Fleisch. Reh und Hirsch mag ich nicht. Eigentlich interessierten mich immer nur die Gämsen.

Ich bin ein geborener Jäger. Auf die Hochjagd aber ging ich relativ spät, denn als ich bei der Bahn arbeitete, dann in Zürich und im Ausland, bot sich mir höchstens zwischendurch einmal die Gelegenheit, auf die Niederjagd zu gehen. Die Hasenjagd gefiel mir nicht, hingegen gab es in jener Zeit oberhalb Tschlin auf der Alp Tea sehr viel Birkwild, und ich erlegte im Herbst an die dreissig Hähne. Ich besass damals keinen Hund und schoss sie alle von den Bäumen herunter. Am besten hängt man sie unausgeweidet samt Federn am Schnabel auf, für mindestens vierzehn Tage, dann sind sie gut, und interessanterweise stinken sie nicht. Ein Birkhahn birgt zweierlei Brustfleisch, aussen ein dunkles und innen ein weisses. Wir erlegten damals auch Auerhähne, aber die sind weniger schmackhaft, häufig ist das Fleisch sehr zäh.

Es ist ähnlich wie bei den Schneehühnern, die sind oft ganz verschieden, du kannst sie gleich lang kochen, das eine fällt fast auseinander, das andere aber macht dir die Zähne kaputt.

Die Jagdprüfung hatte ich schon als Kantonsschüler in Chur ‹abgelegt›: Ein Herr fragte mich, woher ich sei? Von Raschvella. Wo denn das liege, und was ich dort getrieben hätte? «Ich bin dort aufgewachsen und habe die Geissen gehütet.» Dann meinte der Experte: «Ah, du hast Geissen gehütet, dann kennst du die Gams. Das ist gut, du kannst auf die Jagd.» Das war die Prüfung gewesen: Wenn du Geisshirt warst, verstehst du etwas von Gämsen. Aber wirklich auf die Jagd gehen durfte man erst mit zwanzig Jahren. Als Kanonenfutter für die Heimat hingegen wurde man damals mit achtzehn aufgeboten, mit neunzehn war ich bereits Unteroffizier, aber auf die Jagd durfte ich nicht, das war schon lächerlich.

Jagdpatent
Im Kanton Graubünden darf nur jagen, wer die kantonale Eignungsprüfung für Jäger bestanden hat. Wer jagen will, braucht ein Jagdpatent. Berechtigt zum Bezug des Patents ist, wer das neunzehnte Altersjahr erfüllt und die entsprechende Bewilligung gelöst hat. Das Jagdpatent berechtigt grundsätzlich zur Jagdausübung im ganzen Kanton. Die Abgabe des Jagdpatents wird Personen verweigert, die trotz Mahnung die fälligen Einkommens- und Vermögenssteuern nicht bezahlt haben. Es werden folgende Jagdarten unterschieden: Hochjagd, Steinwildjagd, Niederjagd, Pass- und Fallenjagd. QUELLE: *Kantonales Jagdgesetz Graubünden – Vom Volke angenommen am 4. Juni 1989*

Hoch- und Niederjagd
Die jagdbaren Arten auf der Hochjagd: Rothirsch, Reh, Gämse, Wildschwein, Murmeltier, Fuchs und Dachs. – Niederjagd: Feldhase, Schneehase, Fuchs, Dachs, Edel- und Steinmarder, verwilderte Hauskatze, Birkhahn, Schneehuhn, Ringeltaube, Türkentaube, verwilderte Haustaube, Kolkrabe, Rabenkrähe, Nebelkrähe, Elster, Eichelhäher, Blässhuhn, Kormoran und Stockente. – Pass- und Fallenjagd: Fuchs, Dachs, Edel- und Steinmarder, verwilderte Hauskatze. QUELLE: *Kantonales Jagdgesetz Graubünden*

Jagdmethoden
Auf der Hochjagd gibt es drei Methoden zu jagen. Beim «Anstand oder Sitz» wartet der Jäger in Schussweite eines Wildwechsels auf durchziehendes Wild. Diese Jagdmethode wird vor allem in den Abend- und Morgenstunden ausgeübt, wenn das Wild zur Äsung austritt oder in seinen Einstand zurückkehrt.

Bei der «Pirsch» durchstreift der Jäger behutsam sein Gebiet, um Wild aufzuspüren und trachtet danach, sich gegen den Wind auf Schussdistanz zu nähern. – Die «Treibjagd» darf höchstens zu viert ausgeübt werden. Während die einen an den Wechseln Posten beziehen, durchstöbern die andern das Gebiet nach Wild, um es zuzutreiben. QUELLE: *«Leitfaden für Bündnerjäger»*, 1986

Cla auf der
Pirsch in seinen
Jagdgründen
am Piz Ajüz.

Jagdethik
Kern der Weidegerechtigkeit ist die Jagdethik. Auch sie hat heute einen anderen Inhalt als früher. Der Jäger in unserer Zeit ist gefordert, sich vor allem einem umfassend verstandenen Umweltschutz zu widmen und die Natur nicht als Selbstbedienungsladen für egoistische jagdliche Wünsche zu betrachten, sondern als Teil der Schöpfung. Gedanken des Tierschutzes gewinnen ebenfalls mehr Gewicht – das hat nichts mit Gefühlsduselei zu tun, sondern ist Ausdruck einer veränderten, einer verbesserten Einstellung des Menschen zum Mitgeschöpf Tier. QUELLE: *Ulrich Wotschikowsky, Alfons Heidegger, «Wild und Jagd in Südtirol», 1992, Seite 152*

Weidgerechter Schuss
Das Erlegen des Wildes spielt sich in Sekundenschnelle ab. Und der gute Schuss ist Lohn für das weidgerechte Bemühen. Wo immer ein Jäger auch jagt, ist er nie allein. Die Jagdgebiete sind heute weitgehend erschlossen, sie werden bewirtschaftet oder stehen jedermann als Erholungsgebiet offen. So muss sich der Jäger stets bewusst sein, dass in Reichweite seiner Kugeln sich Menschen, Tiere, Häuser, Ställe oder Fahrzeuge befinden, die er oft nicht sieht, aber mit einem leichtfertig abgegebenen Schuss gefährden würde. Eine Jagdkugel kann mehrere Kilometer weit reichen. Im Zweifelsfall darf niemals geschossen werden, und hinter dem Tier muss sich ein sicherer Kugelfang befinden. Wichtig ist auch, dass die Flugbahn des Geschosses völlig frei ist. Allein schon ein Grashalm kann die Flugrichtung des Geschosses ändern und zu einem schlechten Schuss oder gar zu einem Fehlschuss führen. Der weidgerechte Schuss bezweckt ein schmerzloses Töten des Wildes. Er ist derart anzubringen, dass er das Wild möglichst in die Brust trifft. QUELLE: *«Leitfaden für Bündnerjäger», 1986*

Ausweiden | aufbrechen
Das Aufbrechen erlegten Wildes muss so rasch wie möglich erfolgen, damit das Stück auskühlen kann und Fäulnisbakterien nicht vom Gescheide aus in das Wildbret eindringen können. Verschmutzungen beseitigt man sofort. (…) Im Sommer erlegtes Wild sollte unbedingt aufgebrochen eine Stunde im Schatten kopfhoch aufgehängt werden, damit die Körpertemperatur absinkt. QUELLE: *Ulrich Wotschikowsky, Alfons Heidegger, «Wild und Jagd in Südtirol», 1992, Seite 142*

Cla im Jahr
1976 vor der Hütte
auf Sassalm.

Bertel und Töna

Ich war über dreissigjährig, als ich mit der Hochjagd begann. Allein stieg ich am Abend vor dem ersten Jagdtag von Raschvella hinauf zum Plan da Dschember. Unter einem Baum grub ich ein Loch in die trockenen Nadeln, das war mein Schlafsack. Als ich am Morgen erwachte, weidete nur zehn bis fünfzehn Meter vor mir ein schöner Rehbock, aber ich hatte mein Gewehr hinter dem Baum deponiert. Wie ich mich bewegte, floh das Tier. So stieg ich bergwärts und wenig später schoss ich einen zweijährigen Gamsbock.

Gleich unterhalb von mir erhob sich ein anderer Jäger, er winkte mit seinem Hut, es war der Bertel König. Wir plauderten, assen und tranken etwas zusammen, und das eine gab das andere. Bertel hauste mit Töna Janett in der Hütte der Holzer innerhalb Sur Sassalm. Er lud mich ein, mit ihnen die Hütte zu teilen. So wurden die beiden meine langjährigen Jagdkollegen, und wenn ich nicht oben in der Höhle wohnte, war ich mit Bertel und Töna zusammen in dieser Hütte. Später zog Bertel ins Oberengadin zu seiner Tochter. Es blieb nur noch Töna, der war ein unglaublicher Schütze, nicht im Schiessstand, aber auf der Jagd: «Ds Gwehr ufa, pampf, der Schuss sass.» Aber der Töna hatte ständig eine Zigarette im Maul, ich warnte ihn immer wieder. Er starb an Lungenkrebs. Von da an ging ich nur noch allein auf die Jagd.

Ich war eigentlich mein ganzes Leben lang immer nur im Gebirge hoch über Raschvella auf der Pirsch. Da kenne ich die Gämsen und weiss, wo sie am liebsten weiden und wann sie aus dem Wald herauskommen. Die Gams hasst den Regen, wenn es nur ein bisschen tröpfelt, legt sie sich unter einen Baum. Von Lawinen verstehen die Gämsen zehn Mal mehr als die Forscher in Davos. Sie haben einen unheimlichen Instinkt. Und so ist das Verhalten eines Rudels die beste Wetterprognose.

Je nach Lage werfen alle Geissen ihre Kitze so um den zehnten Mai herum. Diese Tatsache hat mich immer fasziniert, gedeckt werden sie ja nicht pünktlich, das kann Mitte November oder Anfang Dezember sein. Aber im Mai, wenn das Wetter stimmt, kommen alle Kitze fast am gleichen Tag auf die Welt.

Feine Witterung
1793 notierte der deutsche Gelehrte Johann Friedrich Heigelin über die Bündner Jagd: «Weht (dem Jäger) der Wind entgegen, so hat er schon so viel gewonnen, dass dem feinen Geruch der Gemse seine Ausdünstungen nicht zugeführt werden. Geschieht diss aber, dann gute Nacht Gemsjagen. Das Thier flieht, und findet den Ort bald auf, wo es vor den Nachstellungen seines Feindes gesichert ist. Ebenso schleicht sich die Gemse weg, wenn sie den Hahnen spannen hört. Daher ist der Jäger lange zuvor gerüstet, ehe ihm das Wild in die Schussnähe kommt. Hat sich endlich alles widrige so sehr gegen ihn verschworen, dass ihn zum Beispiel die Gemse kaum vor dem Losdrücken noch entdekt, und den Reisaus nimmt, so pfeifpt er um sie zu täuschen, als ob ihr eine andere Gemse gepfiffen hätte. Sie stellt sich auf diss Zeichen einen Augenblik, schaut umher, und sezt ihren Lauf so schnell als möglich fort. Erhascht sie indessen der Jäger mit der Büchse, so ist's gut; fehlt er aber, dann heisst es entweder nach Hause marschiren, oder noch ein, zwei bis drei Tage unter freiem Himmel leben und harren, bis ein neues Brätchen zum Vorschein kommt. QUELLE: *Silvio Margadant, «Land und Leute Graubündens im Spiegel der Reiseliteratur 1492–1800», 1978, Seite 64*

Fremde Jäger
Streng, und zwar besonders mit Bezug auf die Landesfremden, war das Gesetz von 1745. Dasselbe konstatiert, daß sich das Wild durch das Jagen auch während der Bannzeit, und zwar namentlich seitens der fremden Jäger auf Bündner Gebiet, sich sehr vermindert habe und in Gefahr stehe, ganz ausgerottet zu werden, «was wider die Ordnung Gottes laufft, und wodurch der Stand eines seiner schönsten Regalien verlieren würd»; demnach (…) sollen alle fremden Jäger, die auf Bündner Gebiet jagen, verhaftet und zur Galeerenstrafe verurteilt werden. Solche fremden Jäger, die sich widersetzen oder fliehen wollen, sind vogelfrei erklärt und mögen niedergeschossen werden. QUELLE: *Johann Andreas von Sprecher, «Kulturgeschichte der Drei Bünde», 1875, Ausgabe 1976 von Rudolf Jenny, Seite 96*

Paragraphenjagd

Ausgestorben
Schon im Jahre 1638 war die Zahl der Steinböcke derart geschwunden, dass auf das Erlegen eines Steinbockes Leibes- und Lebensstrafe gesetzt wurde. Allein auch dieses Schutzmittel hat das Aussterben dieses edelsten Hochwildes nicht zu verhindern vermocht. Um 1650 scheint der letzte Steinbock gesehen worden zu sein. In alten Zeiten auch im Prättigau nicht selten, hielten sich zu letzt noch einzelne Exemplare in den hohen Gebirgen des Bergells, Engadins und Rheinwalds auf. Die Steinböcke, welche noch gegen Ende des 16. Jahrhunderts im Innsbrucker Tiergarten gehegt wurden, stammten aus Bünden. QUELLE: *Johann Andreas von Sprecher, «Kulturgeschichte der Drei Bünde», Seite 95*

Wenn ich die heutige Jagd mit der unsrigen von früher vergleiche, will mir vieles nicht in den Kopf. Mich dünkt, dass da ein Schreiberling vom Pult aus Sachen ausheckt und die Jagd in ein Weidwerk aus unlogischen Regeln und schikanösen Vorschriften deformiert. Der Wolf und der Bär jagten auch nicht mit Paragraphen im Kopf, sondern mit Hunger im Bauch. So verlangt das Gesetz, dass man nach dem Ausweiden eines Tiers, alles im Boden vergraben muss! Wozu? Der Kolkrabe wäre dir dankbar, der Marder, der Fuchs.

Früher wurden viele Unerlaubte geschossen, da war man weniger achtsam, das stimmt. Auch mir passierte das. Ich schaute einmal einer Geiss, die ich weiter unten schon gesehen hatte und die nun heraufgekommen war, gewiss eine halbe Stunde beim Weiden zu. In Ton und Farbe sah sie komisch aus, ich hatte meine Zweifel, ob sie nicht doch führte? Ich schoss, sie war nass, aber die Milch war eine dicke Brühe, sie hatte ihr Kitz nicht erst gestern verloren. Diese Gams besass wunderbare Krickel. Ich deckte das Tier mit Reisig und Ästen zu, und als ich meine Trophäe ein paar Tage später holen wollte, hatten sich alle bis hin zum Adler ihren Teil geholt: Nicht ein Haar war mehr zu finden, das hatte vermutlich eine Maus zusammenramüsiert.

Als ich Bub war, gab es bei uns keine Steinböcke.
Eines Tages, ich war schon ein gestandener Jäger, kam ein Arbeiter in meine Beiz in Martina. Er schaffte im Oberengadin an der Umfahrung Pontresina, da hatten sie beim Schneeräumen in einer Lawine drei Steinböcke gefunden. Die Hörner hatte er mitgebracht, er zeigte sie mir. Ich habe ihm schliesslich ein Gehörn abgekauft und es an der Wand aufgehängt. Viele Jahre später sitzt Peider Ratti, der damalige kantonale Jagdinspektor, bei mir in der Wirtschaft und isst zu Mittag. Er sieht die Hörner, schaut sie sich näher an und sagt zu mir: «Den hast du in Österreich geschossen.» Ich widerspreche. Der Ratti aber sagt, er werde mir gleich beweisen, dass dieser Steinbock aus Österreich stamme und zeigt auf die eingebrannte Nummer 227 im Gehörn. Das sei der Beweis, den hätten sie damals mit anderen jungen Böcken ins Ötztal verkauft, dort seien die Tiere ausgesetzt worden. Eine unglaubliche Geschichte, dieser «Khoga» hatte ins Engadin zurückgefunden,
ist das nicht verrückt?

Geschmeidige Kletterer

Das Gemswild hat sich ans Leben im Gebirge sowie an die Bewohner der Berge bestens angepasst. Es bevorzugt den oberen Waldgürtel und die angrenzenden alpinen Weiden. Von hier aus breitet es sich nach oben bis zu den Gipfeln und nach unten in den Wald bis zur Talsohle aus. Es bevorzugt Schluchten, Felsköpfe und offene Partien im Wald sowie Geröllhalden, Felsen und Weiden in den Kesseln des Gebirges. Es kann gelegentlich (...) bis auf 3500 m ü.M. vorkommen. Der Kanton Graubünden ist topographisch ein sehr gutes Gemsbiotop. Ein grosser Anteil seiner Fläche liegt um die obere Waldgrenze. Drei Eigenschaften charakterisieren das Gemswild: Wachsamkeit, Beweglichkeit und Ausdauer. Seine alleinige «Waffe» ist die rasche Flucht. Der Körperbau der Gemse ist von kräftiger Statur, sehr elegant und geschmeidig. Die Schalen (Klauen) sind von hartgummiähnlicher Konsistenz. Sie können weit gespreizt werden, wobei ein starkes Band ein Überspreizen verhindert. Gleichzeitig entsteht eine grosse Auflagefläche, die das Gehen auf Schnee erleichtert. Die Afterklauen bieten ebenfalls Halt. QUELLE: *«Leitfaden für Bündnerjäger», 1986*

Rivalenkämpfe

Gämsen erreichen eine Widerristhöhe von 70 bis 85 Zentimeter und eine mittlere Körperlänge von 125 bis 135 Zentimeter. Starke Gämsböcke können Höchstgewichte von 50 Kilogramm und darüber erreichen, Geissen 38 bis 40 Kilogramm. Paarung im November|Dezember. Tragzeit 23 Wochen. Die Brunftzeit bedeutet Lebensgefahr für die Böcke. Ohne zu fressen, bestreiten sie während Wochen intensive Kämpfe gegen Rivalen. Es kommt oft vor, dass die in der Brunft arg dezimierten Fettreserven nicht mehr bis in den Frühling reichen. QUELLE: *Franziska Wüthrich, «Lebenswelt Alpen», 2001, Seite 134*

Merkmale

Die Gemse wechselt zweimal im Jahr das Haarkleid. Die kurzhaarige Sommerdecke reicht von hellbeige bis dunkelgrau. Die Läufe und der Längsstrich auf dem Rücken (Aalstrich) sind schwarz. Im Oktober verhären die Gemsen; die Winterdecke ist dunkler und besteht aus langen Deck- und kurzen Wollhaaren. Die Krickel der Böcke sind stärker und meist mehr gekrümmt. Nach ihrer Funktion stellen die Krickel eine gefährliche Reisswaffe dar. Nach hinten gebogen und wenig auffällig spielen sie für die Rangordnung trotzdem keine bedeutende Rolle. Hierfür sind eher die Statur und das Erscheinungsbild, welches besonders mit dem Aufstellen der Barthaare imponierend wirkt, sowie Schnelligkeit und Ausdauer bei den schonungslosen Vorfolgungsjagden ausschlaggebend. QUELLE: *«Leitfaden für Bündnerjäger», 1986*

Cla Famos und
Luis Laurent.

Stehend
von links:
Flurin Caviezel,
Nott Caviezel,
kniend:
Luis Laurent,
Cla Famos.

Cla mit seinem
Cousin Giacomo
Mosca.

Ils tschiervis

Jagdproviant
Der deutsche Gelehrte Johann Friedrich Heigelin notierte 1793: «Will der Jäger einen guten Fang thun, so begibt er sich schon in der Nacht auf den Weg, nimmt ausser dem Jagdgeräthe ein gutes Perspectiv mit.» Die Jäger nehmen meist für mehrere Tage Proviant mit, bestehend aus «einem hinlänglichen Mundvorrath an Brod, Käs und einem guten Stük gediegenen Fleisches, verspeisen's in einer Alphütte oder auf dem Felde, und trinken dazu eine tüchtige Portion Schneewassers, zuweilen aber auch ein Schlückchen Kirschengeist. Will einer von ihnen weichlicher und bequemer leben, so hält er sich eine kleine Bettlerküche, hat sein Kochgeschirr, kauft Mehl und Eier zusammen, bettelt im Sommer etwas Milch und Butter von den Alphirten, und macht sich dann ein Mittag- oder Abendmahl, comme il faut.»
QUELLE: Silvio Margadant, «Land und Leute Graubündens im Spiegel der Reiseliteratur 1492–1800»; 1978, Seite 63

Etwas Ähnliches habe ich auch mit einem Hirsch erlebt. Nach einem strengen Winter waren im Unterengadin Hunderte von Hirschen eingegangen. Ein Jagdkollege von mir fand einen noch lebenden Spiesser und nahm ihn zur Fütterung in den Stall. Dieser Hirsch war ein lustiger Kerl, aber gefährlich. Als mein Kollege ihn wieder frei liess, hatte er das Tier gezeichnet, und zehn Jahre später wurde dieser Hirsch in Wörgl weit unterhalb Innsbruck erlegt. Die Entfernung misst hundertfünfzig Kilometer. Für einen Forscher ist das interessant.

Früher gab es bei uns weder Steinböcke noch Hirsche. Ich mag mich noch gut daran erinnern, wie ich als Bub den ersten «tschiervi» in meinem Leben zu sehen bekam. Wir hatten auf Pramaran eine kleine Hütte, die mein Grossvater gebaut hatte. Das heisst, es stand da schon vorher eine Hütte, in der mein Vater als Bub übernachtete, wenn er dort die Tiere hüten musste. Das Vieh lagerte nachts immer bei der Hütte. Im Kamin brannte ein Feuer, damit versuchte man, die Raubtiere zu verscheuchen, ob das etwas genützt hat, weiss ich nicht. Aus Angst vor den Bären machte mein Vater aber einmal ein zu grosses Feuer und die Hütte brannte nieder.

Auch ich war als Hirt oft auf Pramaran. Eines Tages während der Jagd kam der Michel von Raschvella zu Besuch, er kochte sich einen Kaffee. Da tauchte ein weiterer Jäger auf, der Feuerstein aus Strada, ein sehr guter Jäger. Fast flüsternd wandte er sich an den Michel und erzählte ihm, er habe auf Plan dalla Stüva ein Reh erlegt, so gross wie ein Kalb! Sie wollten mich weg haben, schlugen mir vor, die Geissen auf Plan da Mingians zu treiben. Ich tat so, als würde ich ihren Rat befolgen, aber ich wollte natürlich auch das grosse Reh sehen und schlich den beiden nach, von Baum zu Baum. Feuerstein legte ein paar Äste zur Seite. Michel rief: «Mein Gott, das ist ja verrückt, so ein Riesenreh!» Ich rannte hinunter nach Raschvella zum Grossvater und erzählte vom «chavriöl», das so gross sei wie ein Kalb. Aber als wir hinaufkamen, war das Tier verschwunden. Ein Jahr später schoss Balzer Melcher von Strada einen Hirschstier, er hängte ihn bei seinem Haus auf, das löste eine Völkerwanderung aus. Diese ersten Hirsche stammten aus dem Tirol, ihre Zahl wuchs rasch.

Ich habe in meinem Leben nie ein Reh erlegt. Das konnte ich nicht, ich weiss selbst nicht warum. Hirsche habe ich etliche geschossen, speziell Stiere, aber eigentlich auch nur, wenn sie mir fast zufällig vor den Lauf liefen. Mit einer Hirschkuh hatte ich einmal ein ganz schlimmes Erlebnis. Das war vor mehr als zwanzig Jahren.

Sammeln und Jagen
Neben ihrer normalen Bauernarbeit waren die Unterengadiner auch Sammler und Jäger. Welche Bedeutung diese Tätigkeiten für die Versorgung des Haushalts besassen, ist allerdings schwer abzuschätzen. Sie dürften recht unterschiedlich gewesen sein. In Mangeljahren war das Sammeln von Nahrung oder Nahrungsersatz für arme Familien unentbehrlich. Andere Sammelprodukte dienten eher zur Abwechslung der Kost oder zur Aufbesserung des Einkommens. Für die Wohlhabenden stand die Jagd im Vordergrund. Sie legten Wert darauf, ihr Menu mit einem Stück Wild zu bereichern. QUELLE: *Jon Mathieu, «Bauern und Bären: Eine Geschichte des Unterengadins von 1650 bis 1800», 1987, Seite 78*

Ich kam von der Gamsjagd herunter zur Waldgrenze, spiegelte von einer steilen Wand in die Tiefe und entdeckte mit dem Feldstecher eine äsende Hirschkuh, direkt unter mir. Das Gelände war abschüssig. In wirklich steile Hänge schoss ich nie, denn einen Tag verlieren, um einen in die Tiefe gestürzten Hirsch zu suchen, das wollte ich nicht. Da ging ich lieber hinauf und erlegte zwei Gämsen. Ich schoss, traf gut, sie fiel. Um an den Fuss der Wand zu gelangen, musste ich aber einen ziemlichen Umweg machen, das dauerte gewiss eine Viertelstunde. Ich war noch nicht unten, da hörte ich einen Schrei, das war die Kuh. Ich hatte noch nie ein Tier so schreien gehört. Ich beeilte mich, ihr Schreien fuhr mir in die Knochen. Sie lag in einem Tobel auf dem Rücken. Aus zehn Metern Entfernung gab ich ihr einen Halsschuss, aber ich konnte einfach nicht zu ihr hingehen. Ich liess sie liegen. Seither habe ich keinen Hirsch mehr geschossen, nie mehr.

Spuk und Bann
Neben dem Sündhaften, das für den Bergler in der Tollkühnheit liegt, birgt die Jagd noch ein anderes, unheimliches und unheildrohendes Moment. Sie führt den Menschen in verlassene Alpen, und zwar oft zu Zeiten, an denen man nicht mehr gerne über den Weg geht. So hat denn der Jäger von allen Älplern die meisten Begegnungen mit spukhaften Wesen.
QUELLE: Eduard Renner, «Goldener Ring über Uri: Ein Buch vom Erleben und Denken unserer Bergler, von Magie und Geistern und von den ersten und letzten Dingen», 1941, Seite 94

Chatscha da chamuotschs

Eines Tages kam ein junger Jäger zu mir, ein Polizist von Beruf, und bat darum, mich auf der Gamsjagd begleiten zu dürfen. Von seinem Vater habe er die Hirschjagd kennen gelernt, aber von den Gämsen habe er keine Ahnung. Ich nahm ihn mit auf die Hütte. Am nächsten Tag stiegen wir hinauf zum Grat. Bald sahen wir zwei Böcke unter uns, und mein Lehrling fragte mich, warum ich nicht schiessen würde? «Zu weit weg», war meine Antwort. Ich nahm das Tier gleichwohl ins Visier, liess das Gewehr aber wieder fallen. Die Gefahr, die Gams nur zu verletzen, war mir zu gross. Mein Kollege wusste es besser, er riskierte einen Schuss und traf den einen Bock ins Vorderbein, das angeschossene Tier floh und verschwand. «So, jetzt hast du den Dreck, jetzt kannst du dem zwei Tage lang nachlaufen», sagte ich zu meinem jungen Kollegen. Das könne er nicht, er müsse am Abend unten im Tal sein, das habe er mit seinem Vater und seinem Bruder so abgemacht, sonst würden sie ihn zuhause vermissen. Ich machte mich am nächsten Tag auf die Suche, talauswärts in die wilden Hänge des Piz Lad. Aber eine verletzte Gams ist ein «Khoga». Sie weiss, dass sie eine Blutspur macht, deshalb versteckt sie sich so, dass sie die Spur überblicken kann, meist verkriecht sie sich unter einen Stein, unverletzt tut sie das nicht. Ich kannte vom Vortag die Richtung, aber die Gams sah mich kommen, sie floh weiter, und ich folgte ihr und der Spur bis über die Grenze ins Tirol. Ich gab auf, es wäre ein dreijähriger, schöner Bock gewesen mit wunderbaren Krickeln.

Ein Jahr später war ich noch vor Jagdbeginn zur Wildbeobachtung wieder in jener Gegend. Ich verbrachte die Nacht im Schlafsack unter freiem Himmel. Am Morgen stieg ich sofort hinauf zum Grat und sah höchstens siebzig Meter unter mir gegen vierzig äsende Gämsen. Mit dem Feldstecher begutachtete ich das Rudel. Über der Waldgrenze sieht man viel schneller, welches Kitz zu welcher Geiss gehört. Zu meinem Erstaunen erblickte ich einen Bock, der auf den Knien weidete. Das hatte ich noch nie gesehen. Die Böcke sind fuchsig, die Geissen dunkler. Beim genaueren Hinschauen bemerkte ich, dass ihm ein Vorderbein fehlte, besser gesagt, es hing lose herunter und war nicht mehr im Gelenk. Wie ich seine Krickel studierte, ging mir ein Licht auf. Das war der angeschossene Bock vom Vorjahr. Jetzt hob die Leitgeiss ihre Nase, sie hatte Luft bekommen, einige sprangen auf, ein Pfiff ertönte. Das Rudel stob über die steilen Geröllfelder hinunter, dem vielleicht einen Kilometer weiter unten liegenden Wald zu. Auch unser Bock war mit seinen nur drei Beinen fast ebenso schnell wie die andern im Gehölz verschwunden. Ich sah ihn nie wieder, aber solche Böcke können sich dermassen gut verstecken, dass sie noch lange überleben. Diese Erfahrung habe ich mehrfach gemacht.

Gefühlssache

Ein rechtes Stück über der Waldgrenze hatte ich einmal einen jungen, schönen Bock im Visier mit ganz eigenwilligen Krickeln. Aber die Distanz war mir zu gross, ich riskierte nicht zu schiessen. Ich konnte mich dem Tier aber auch nicht nähern, ich musste abwarten, bis der Wind sich drehte. Da ging ein Schuss, der Bock sprang auf und entfernte sich humpelnd Richtung Wald. Ein Idiot hatte auf das liegende Tier geschossen. Ich erhob mich, nach einer Weile begegnete ich ihm, es war ein junger Jäger aus Strada. Er sagte zu mir: «Harrgott Cla, ich habe einen schlechten Schuss abgegeben, hast du nicht gesehen, wohin das Tier verschwunden ist?» Dieser Bock sei bestimmt bis in den Wald hinunter gelaufen, erklärte ich dem Drauflosschiesser, aber ich spürte, dass er es mir nicht abnahm. «Der will den Bock nachher selber holen», dachte er sich wohl. Laut sagte er zu mir, das sei nicht möglich, er habe viel Blut gefunden. Da musste ich ihn aufklären, dass Blut nicht gleich Blut sei: «Triffst du ein Organ fliesst dunkles, fast schwarzes Blut. Hingegen aus Fleischwunden kommt rotes Blut. Diesen Bock brauchst du nicht zu suchen!» Er konnte ihn auch nicht finden. Erst neun Jahre später schoss einer genau diesen Bock. Während dieser ganzen Zeit hatte nicht einer von uns dieses Tier je gesehen, auch jene von der Jagdhütte auf der andern Seite des Tobels nicht. Weiss Gott, wo sich dieser Bock aufgehalten hatte? Unten im Wald hat ihn einer schliesslich erwischt.

Schiessen ist eine Gefühlssache. Wenn du Erfahrung hast, kannst du genau sagen, wo der Schuss sitzt. Bin ich zu tief, bin ich zu hoch, bin ich zu viel links, zu viel rechts, war es nur ein Streifschuss? In meinem letzten Jahr, als ich noch auf die Jagd ging, hatte ein Kollege, der nicht weit weg von mir eine schöne Jagdhütte besitzt, einen Schuss abgegeben. Kurz danach kamen wir zusammen. Mich begleitete noch ein fünfzehnjähriger Bub, der von mir das Handwerk erlernen wollte. Mein Nachbar sagte zu mir: «Cla, ich habe auf einen guten Bock geschossen und habe ihn leider gefehlt.» Ob er sich dessen sicher sei, fragte ich. Ja, das Tier sei kerzengerade, vielleicht hundert Meter talwärts gesprungen und in den Stauden verschwunden. Dort unten wuchert ein Laubwald, und in diesem Dickicht sieht man nicht einmal einen Elefanten. Ich fragte den Jägerkollegen noch, ob das Tier nicht doch zu Beginn bergwärts gesprungen sei? Er verneinte, worauf ich ihm klar machte: «Dein Bock ist tot.» Aber er widersprach. Jetzt doppelte ich nach: «Er hat einen Lungenschuss und ist tot.» Mein Kollege schüttelte nur den Kopf, er gehe auch schon dreissig Jahre auf die Jagd und wisse, ob er ein Tier gefehlt habe oder nicht. Schliesslich schickte ich meinen jungen Begleiter in die Stauden. Er brauche nicht weit abzusteigen, solle sich gleich zuoberst etwas umsehen und werde die Gams schon finden. Wir beiden Alten pafften derweil unsere Pfeifen und schauten in die Sonne. Es dauerte nicht lange, da kam unser Bub mit dem Bock aus dem Gebüsch. Tatsächlich hatte das Tier einen Lungenschuss abbekommen, und ohne Luft hatte es wohl oder übel nur noch talwärts fliehen können.

Cla mit Sohn Anton (oben) auf dem Grubenjoch, 1974; und auf Gravalada, 1975.

Schmaladits tirolers

1785 schrieb der deutsche Professor Gerhard P. H. Normann in seiner geographisch-statistischen Darstellung über das Jagdwesen: «Die Gemsen vermindern sich in Bündten sehr, weil ihnen von einheimischen, und noch mehr von Tyroler Jägern so häufig nachgestellt wird», wodurch auch die Ausfuhr von Gemshäuten abnahm. Die Jäger aus dem benachbarten Tirol halfen nicht nur mit, den Wildbestand unseres Landes zu reduzieren, sie waren auch häufig Ursache ernster Auseinandersetzungen mit ihren Bündner Berufskollegen. Der deutsche Geisteswissenschaftler Christoph Meiners schrieb, bündnerische und tirolerische Gemsjäger lebten in ständigem Kriegszustand, «und auf den Grenzgebirgen fallen manche Gefechte vor, die keiner Obrigkeit bekannt und von keiner Obrigkeit geahndet werden», indem oft Streifzüge über die Grenzen hinweg unternommen würden.

Der Ökonome H.L. Lehmann äusserte sich zum Thema: «Die Tiroler sind vorzüglich daran Schuld, dass die Anzahl der Gemsen sich auch in Graubünden so sehr vermindert. Den Waghälsen ist kein Fels zu hoch, keine Kluft zu tief. Man fürchtet sich vor diesen fremden wilden Burschen, die grösstentheils wegen irgend eines Verbrechens, oder des Soldatendienstes ihr Vaterland verlassen haben.»

QUELLE: *Silvio Margadant, «Land und Leute Graubündens im Spiegel der Reiseliteratur 1492–1800»; 1978, Seite 64f.*

Jägerlatein

Reden gebildete Jäger die Hochsprache der Weidmänner, tönt das für den Laien wie Latein; daher das Wort Jägerlatein. Kot ist die Losung, Blut heisst Schweiss, man redet von Pinsel und Schürze, Lauscher, Krone und Windfang. Und aus dem Unverständlichen sei schliesslich das Unglaubwürdige geworden: Jägerlatein für übertreibende oder erfundene Darstellung eines Jagderlebnisses.

Wildern

Es gibt keine Statistik, ob früher viel gewildert wurde. Ganz anders als heute war damals die Jagd für viele Familienväter nicht einfach ein edler Zeitvertreib, sondern die Jagdbeute war eine wichtige Versorgungsquelle. So sah man im «Frävler» eben keinen Verbrecher, wie auch Richard Weiss dies in seiner «Volkskunde der Schweiz» unterstreicht: «In alpinen Gebieten ist die Verachtung des dem lokalen Rechtsempfinden zuwiderlaufenden staatlichen Rechts und staatlicher Verbote besonders krass: Und laut Weiss fand man dafür klare Worte: «Ds Wild gheert den Lyten und nit dem Staat».

Beeren und Frösche

Rückkehr des Bären
Im S-charltal wurde im Jahr 1904 der letzte Bär in der Schweiz erlegt. Fast genau 100 Jahre später hat er sich zurückgemeldet. Auszug aus dem Rapport des Amtes für Jagd und Fischerei Graubünden: «Am 13.09. 2005 riss der Bär ein Schaf auf der Alp von Tschlin, unterhalb der Fuorcla Salet. Am 14.09. passierte er um 09.30 Uhr unterhalb des Hochsitzes des Jägers Jon Häfner in Tschardaina. Eine halbe Stunde später überquerte er schwimmend den Inn. Zahlreiche Beobachter, auch ein Kantonspolizist waren als Zeugen zugegen. Am 19.09. um 03.00 Uhr begann der Bär seine Jagd auf die Schafherde von Ramosch in Russenna. Der Schafhirt Jon Famos versuchte, seine Herde zu schützen und den Bären zu vertreiben. Trotzdem gelang es dem Bären, mehrere Tiere zu reissen bzw. über eine Felswand zu treiben...»

Ich hatte viel Glück als Jäger, manchmal spürte ich den Neid. Und wenn mich einer nach den erlegten Tieren fragte, sagte ich nicht fünfzehn, sondern sprach vielleicht von der Hälfte. Seit ein paar Jahren gehe ich nicht mehr auf die Jagd, sondern sitze vor meinem Haus in Raschvella, schaue in die Wolken und rede mit den Kirschbäumen und den Lärchen, als wären es meine Verwandten. Ich gehe in den Wald und sammle Beeren, die kein Mensch mehr holt. Ich pflücke Kräuter und mache Tee. Und wenn mir eine Spinne über den Weg läuft, klatsche ich in die Hände, damit sie niemand zertritt. Hinter dem Haus habe ich einen wunderbaren Ameisenhaufen, den kontrolliere ich regelmässig, ich pflege ihn und helfe. Und weiter oben habe ich ein Biotop und darf sagen, ich ‹produziere› jedes Jahr tausend Frösche. Im Winter kommen die Hirsche fast bis zur Tür, denn ich füttere sie mit Brot. Auch der Bär ging vor zwei Jahren durch die Wälder um Raschvella, und mir gefällt die Vermutung, dass er aus meinem Holzschopf Äpfel stahl.

Wenn ich mit Cla Famos vor seinem Haus in Raschvella sitze, und er mir unterm Aprikosenbaum vom Jagen und vom Fischen erzählt, spüre ich seine Verbundenheit mit der Natur. Zufällig erblicke ich im Fond seines kleinen Geländewagens neben dem Stall ein ganzes Sortiment Golfschläger, und auf meinen fragenden Blick hin, sagt mir Cla, dass er in den nächsten Tagen in Vulpera an einem Golfturnier teilnehmen müsse.

.

Ich bin nicht überrascht, dass unser Sammler und Jäger auch
noch den Golfschläger schwingt. Der einstige Mazzasspieler musste
vermutlich nicht viel dazutun, um auch auf dem Green eine gute
Falle zu machen. Und irgendwie passt ja dieses noble Spiel auch
zum Wanderer zwischen den konträren Welten unserer Zeit.
Bewegung war für Cla seit Kindsbeinen wichtig. Das Leben am
abgelegenen Ort forderte ihn heraus, sportlich zu sein.

Bestzeit

Der Skisport kam auf, als ich noch ein kleiner Bub war. Meine ersten Bretter hatte der Grossvater mir selber geschreinert. Als Bindung verwendete er seine alten Bergschuhe, er nagelte sie auf die Latten, mit meinen Schuhen schlüpfte ich hinein, das hielt. Auf diese Weise machte ich meine ersten Rutschversuche. Schon bald bekam ich dann von einem Onkel ein Paar Sprungskier, die waren dreimal länger und schwer. Mit dem Wachsen meiner Künste schenkte mir der Grossvater ein Paar Skier mit Alpinbindung. Wenn man den Bügel öffnete, konnte man mit dieser Bindung auch laufen, das war für mich verdammt kommod, besonders auf meinem Schulweg.

In einem Winter organisierte Ramosch sogar die Engadiner Meisterschaften, eine Dreierkombination aus Langlauf, Abfahrt und Slalom. Der Lehrer Pepin Andri machte mit uns Buben vorgängig ein Langlaufrennen, um die Loipe zu planieren. Dem Sieger winkten drei Frigor-Schokoladen, die liess ich mir nicht entgehen. Bei der Preisverteilung der eigentlichen Engadiner Meisterschaften bemerkte Casimir Denoth, dass der Bub aus Raschvella gesamthaft mit Einbezug der Erwachsenen Tagesbestzeit gelaufen sei.

Das war für mich ein Ansporn, ich intensivierte das Training. Oft aber war mein Schulweg wegen des Holzführens total vereist, und ohne Kanten konnte man mit den Skiern nicht laufen. Also schraubte ich Kufen unter meine Stiefel, und schlittschuhlaufend war ich in gut zwanzig Minuten in Ramosch. Nach der Schmelze suchte ich nach einem Ersatz für das Kufenlaufen und dachte, es müsste doch auch auf Rädern gehen.

Ich hatte eine gute Beziehung zum Dorfschmied Peder Nett. Seine Finger waren so gross wie Cervelatwürste, deshalb war er froh, wenn ich für ihn die kleinen Nägel schmiedete. Ich versuchte nun mit seiner Hilfe, an meinen alten Schuhen kleine Räder zu befestigen, ich konstruierte eine Doppelwand unter die Sohle, und in den Zwischenraum montierte ich die Räder. Aber mein Prototyp war schliesslich zu wacklig, es blieb beim Versuch. Peder Nett machte mir den Vorschlag, es doch mit Kugellagern zu versuchen, aber das überstieg meine Möglichkeiten.

Hnatek und Pedrun
Im Jahr 1859 konstruierte in Sils Maria der Engadiner Handwerker Samuel Hnatek das erste Paar Schweizer Ski. Sie bestanden aus einem 3 Zentimeter dicken Tannenbrett, waren 14 Zentimeter breit und 1,70 Meter lang. Die Bindungen bestanden aus einem breiten Lederriemen, der als Schlaufe für die Schuhspitze genau in der Skimitte aufgenagelt wurde. Eine hochgebogene Skispitze war noch nicht vorhanden. Der Schmied Anton Pedrun montierte Blechspitzen an die Bretter. Sehr bald zeigte sich, dass die von den Norwegern praktizierte Form des Skilaufs an den Steilhängen der Alpenländer ungeeignet war. So entstand allmählich die alpine Skitechnik. QUELLE: *Russikon, educanet2, Hnatek*

Ich war schon erwachsen, als wir kurz nach dem Krieg in Martina ein spannendes Skirennen, einen Riesenslalom, veranstalteten. Dieses Rennnen war in der Region sehr beliebt. Aber eigentlich war die Strecke zu kurz, der Lauf dauerte weniger als eine Minute, bei guten Verhältnissen lag die Siegerzeit gar bei bloss 45 Sekunden. Die Forderung kam auf, den Start weiter hinauf zu verlegen, aber dazu wäre ein Kahlschlag nötig gewesen, und der wurde uns nicht bewilligt. Da kam eines Tages ein Grenzwächter auf die glorreiche Idee – das gab es damals noch nirgends – einfach zwei Läufe durchzuführen, einen am Vormittag, den andern am Nachmittag. Schliesslich schrieben wir das Rennen entsprechend aus. Natürlich wurden wir ausgelacht. Aber das Interesse war überwältigend, von überall sind sie gekommen, und zwar gute Rennfahrer aus dem Oberengadin, von Ischgl, dem Südtirol und sogar von Innsbruck herauf. Vermutlich waren wir die ersten auf der ganzen Welt, die einen Riesenslalom mit zwei Läufen organisierten.

Cla Famos in den Siebzigerjahren am Engadin Skimarathon.

Alpine Skitechnik
Ende des 19. Jahrhunderts legte der Österreicher Mathias Zdarsky den Grundstein für die alpine Skitechnik. Er benutzte kürzere als die üblichen norwegischen Ski, nahm nur einen Stock und verbesserte das Bindungssystem. Ausserdem passte er die norwegische Technik den alpinen Gegebenheiten seiner Heimat an und ersetzte den nordischen «Telemark-Schwung» mit einem Stemmschwung. Im Jahre 1896 veröffentlichte Zdarsky sein Buch «Lilienfeld-Skitechnik», in dem er seine Lehrmethode darlegte. QUELLE: *Karl Gamma, «Das grosse Ski-Handbuch», 1982, Seite 8*

Paznaun

Immer wieder luden uns auch die Ischgler an einen ihrer Riesentorläufe ins Tirol ein. Ich war Mitglied einer Zweierdelegation, die sich am Vortag eines solchen Rennens ins Paznauntal begab. Es gab nur eine einzige Herberge, die offen war, das Hotel Post. Dort bekamen wir ein Zimmer, ohne Heizung, die Wände glänzten und alles war mit Raureif überzogen. Da standen zwei Betten, aber wir schliefen in einem, um uns gegenseitig ein wenig zu wärmen. Um sieben Uhr brachte jemand eine Schüssel mit warmem Wasser für die Morgentoilette.

Wie sich die Zeiten ändern, heute hat Ischgl 10 000 Gästebetten! Und wie es in fünfzig Jahren dort drinnen aussehen wird, weiss ich nicht, vielleicht wird alles noch viel grösser sein, unter Umständen geht auch alles zum Teufel. Auch das weiter oben im Paznauntal liegende Galtür hat die gleiche Entwicklung durchgemacht. Die waren früher sogar eine Fraktion der Gemeinde Ramosch und hatten nicht einmal eine Kirche gehabt, auch keinen Friedhof. Für die Hochzeiten und Taufen mussten sie zur aperen Zeit über zwei Pässe in einem langen Tagesmarsch nach Ramosch kommen. Die Toten gruben sie im Winter im Schnee ein, im Frühling trugen sie sie über den Berg. Heute hat Galtür mehr Fremdenbetten als Scuol.

Die Beziehung zu unseren österreichischen Nachbarn ist zwiespältig. Denn im Mittelalter regierten bei uns die Tiroler, da gab es ständig Zwistigkeiten. Und um das Jahr sechzehnhundert wurden sämtliche Unterengadiner Dörfer in Schutt und Asche gelegt. Vermutlich spielte auch die konfessionelle Spaltung eine Rolle.

Als ich noch ein Bub war, klopften bei uns fast jeden Tag drei, vier oder fünf Tiroler an die Tür: «Griez di Baur, brauchsch nit en guten Mäher? Brauchsch nit en guten Knecht? I bi an kloaner Essar!» Letzteres war damals wichtig. Mein Grossvater hatte immer etwa drei Knechte und eine Magd aus dem Tirol. Die Tiroler schafften gut. Schon im Morgengrauen mähten sie unsere Wiesen. Und am Abend, erst wenn sie beim Dengeln nichts mehr sahen, hörten sie auf zu schuften. Da die Mägde im gleichen Heustall schliefen wie die Knechte, war in der Regel auch für Nachwuchs gesorgt.

Als Adolf im Frühling des Jahres 1938 in Österreich einmarschierte und den Anschluss seines Herkunftslandes ans Deutsche Reich verkündete, schickte er Camions bis ins Oberengadin, um die Tiroler Knechte einzusammeln, und von den Wagen herunter hörte man zuweilen Stimmen, die riefen: «Heil Hitler, mir kemmen wieder!»

Die Samnauer sind keine Tiroler, obwohl sie ihre Sprache reden. Für mich sind die dort oben, vielleicht ist das auch nur ein Spleen von mir: Hugenotten. Ich war einmal in einer Gegend Frankreichs, wo sie wie in der Bartholomäusnacht in Paris einst die Hugenotten abgeschlachtet hatten, da fand ich all diese Namen: Carnot, Jenal, Petitpierre, Mathieu, Denoth, Zeque. Allerdings wissen die Samnauer von all dem nichts.

Konfliktbeladene Geschichte
Bis zum Schwabenkrieg 1499 standen sich im Unterengadin der Bischof von Chur als grösster Grundeigentümer und Inhaber der niederen Gerichtsbarkeit und der Graf von Tirol als Inhaber der Blutgerichtsbarkeit und einiger Regalien gegenüber. 1529 bis 1553 trat das Unterengadin ohne Tarasp zum neuen Glauben über. Ab 1619 führte Kaiser Ferdinand II. eine Offensive gegen die evangelischen Reichsstände, mit der Absicht, die Hohheitsrechte zurückzugewinnen und das Tal zum Katholizismus zurückzuführen. Sein Heerführer Baldiron fügte der Talschaft und seinen Bewohnern gewaltige Schäden zu. In den Jahren 1620|21 wurden mit Ausnahme der Weiler Vnà und Griosch alle Dörfer eingeäschert und Hunderte von Menschen umgebracht. Erzherzog Leopold suchte ab 1621 die Unterengadiner in den tirolischen Untertanenverband zurückzuholen. 1629 wurde die Ausübung des reformierten Glaubens untersagt. Aus den Bündner Wirren resultierte schliesslich der Loskauf vom Tirol im Jahr 1652. QUELLE: Grimm, Haidacher, «Libertà: Engiadina Bassa 1652–2002, 350 ons liberaziun da l'Austria»

Fremde Freier

Als «Fremder» galt jeder nicht im Dorfe Ansässige, also schon der Bewohner des Nachbardorfes. Nur unter den allergrössten Gefahren wagte ein Freier, in unerlaubtes Hengertgebiet vorzudringen. Bemerkte ein Bursche des Dorfes einen Eindringling, war er verpflichtet, sogleich seine Kameraden zu alarmieren. Mit Prügeln bewaffnet, oft auch mit Stricken versehen, umlagerten diese das Haus des behengerten Mädchens solange, bis der Fremde dasselbe wieder verliess. Dann überfielen sie den Ahnungslosen, malträtierten ihn auf die unerhörteste Art und Weise (...) Waren unter den Knaben des Dorfes aber solche, die es selbst auf das vom Fremden besuchte Mädchen abgesehen hatten, so konnte es vorkommen, dass der Unglückliche (...) bis an die Grenze des Dorfes blutigen Verfolgungen ausgesetzt war. (...) Es soll sogar des öftern vorgekommen sein, dass ein «Wilderer» seine Waghalsigkeit mit dem Leben bezahlen musste, indem er den erlittenen Verletzungen erlag. QUELLE: *Gian Caduff, «Die Knabenschaften Graubündens», 1932, Seite 67*

Cla Famos, als er im Grand Hotel Dolder arbeitete, nicht als Bodyguard.

Kämpfe

Ich komme nochmals auf unser Verhältnis zum Tirol zurück. Das war nie eine Liebesbeziehung gewesen. Wir kratzten uns zwar auch nicht die Augen aus, aber wir Engadiner sprachen von ihnen als «schmaladits Tirolers» und sie nannten uns «huora Chaspers». Wenn wir gelegentlich nach Pfunds auf den Tanz gingen, war die Schlägerei vorprogrammiert. Einmal fuhr ich mit Erich Knapp, Flurin Denoth und dem Postchauffeur nach Nauders zum Tanz, da hatte ich damals einen Schatz. Ein unverschämter Lärm war im Saal, wir fanden keinen Platz. Meine Freundin war in Begleitung ihrer Schwestern, sie hatten zu Hause ein Hotel. Um dem Rummel zu entfliehen, luden uns die Tirolermädchen zum Tanz zu sich nach Hause ein, denn sie besassen ein Grammophon.

Einige Tirolerburschen aber hatten Wind bekommen, und als wir losfahren wollten, blieb unser Wagen spulend im Schnee stecken. Jetzt erst entdeckten wir unsere Widersacher, die unser Auto an der hintern Stossstange mit vereinten Kräften zurückhielten. Erich Knapp sprang aus dem Wagen und stürzte sich wie ein Stier auf unsere Gegner, aber diese waren von erdrückender Übermacht und unser Erich wurde gotterbärmlich verprügelt. Wir liessen den Wagen stehen und ergriffen die Flucht. Meine beiden Kollegen wurden ebenfalls geschnappt, ich sprang auf eine Mauer und konnte aus der Vogelperspektive verfolgen, wie der Schläger-Louis unseren Postchauffeur traktierte. Plötzlich erblickte mich der Louis auf meiner Zitadelle und höhnte zu mir herauf: «Der Clar hat Angst.» Ich antwortete auf Tirolerdeutsch: «I wott koa Schlägerei.» Und der Louis: «Du bisch en Scheissbrüeder.»

Zu jener Zeit betrieb ich etwas Boxsport. Der Louis, er war ein Riesenkerl, zog mich an einem Bein von der Mauer und holte zum Schlag aus, ich bückte mich, er traf ins Leere. Sofort verpasste ich ihm zwei Doppelschläge in den Magen, er krümmte sich, und ich versetzte ihm mit dem Knie einen weiteren Schlag. Mein Widersacher richtete sich auf, höher und höher und fiel wie eine Tanne zu Boden. Jemand rief: «Der Clar hat den Louis abgstochen!» Und während sie sich auf den vermeintlichen Toten konzentrierten, gelang uns die Flucht. Es kam noch zu einem Nachspiel vor dem Gericht in Innsbruck, ich hätte für die Zähne des Schläger-Louis aufkommen sollen, aber es gab genug Zeugen, die meine Unschuld bekräftigten.

Prägt die Landschaft die Menschen, die in ihr leben? Ich habe schon oft darüber nachgedacht und mich auch gefragt, ob es zwischen den Dörfern in einem Tal überhaupt wahrnehmbare Unterschiede gebe? In Raschvella habe ich mit Cla Famos auch über solche Fragen gesprochen. Vielleicht gibt es tatsächlich nur zwei Sorten von Cumüns: das eigene und das fremde Dorf. Früher war das Dorf auch im Engadin ein Daseinsraum, der seine Bewohner schützte und auf Gedeih und Verderb barg. Massstab war das, was alle taten. Sitte und Brauchtum bestimmten das Leben, und mithin bestand die Tendenz, dass das Individuum zu kurz kam und ein Dorf in seinen Traditionen erstarrte. Doch jede herausragende Leistung hat ihren Ursprung in einem Abweichen vom Gemeinschaftswillen.

Mensch und Landschaft
Ich bin zutiefst überzeugt von der leider noch so geheimnisvollen Beziehung zwischen dem Menschen und seiner Landschaft, aber ich scheue mich, darüber etwas zu sagen, weil ich dieses rational nicht zu begründen vermöchte. Ich bin aber ziemlich überzeugt, dass wenn man einen sibirischen Volksstamm auf einige 100 Jahre in der Schweiz ansiedelte, am Schluss richtige Appenzeller herauskämen.
QUELLE: Carl Gustav Jung, «Briefe 1906–1945», Band 1, 1981, Seite 1

Fuatscha grassa

In den Dörfern gab es früher einen Zusammenhalt. Die Männer gingen am Abend in die Ustaria, in die Beiz. Die Frauen trafen sich in den Häusern, tranken Kaffee, schwatzten über alles, was im Dorf geschah oder auch nicht, und gegen Mitternacht munkelte man von umgehenden Spukgestalten, denn damals sahen die Leute überall Geister und Gespenster.

In den Wirtschaften wurde auch musiziert. Da brachte einer seine Geige und spielte eine alte Melodie, eine Trompete ertönte, dazu eine Handorgel oder ein Bass. So ist die Volksmusik geboren. Und natürlich spielte man auch zum Tanz auf. Es wurden schöne Feste gefeiert in den Beizen, obwohl es oft eng war. Man tanzte auch in den Gängen und um Mitternacht gab es eine grosse Pause, dann spielte die Musik den Walzer «Cafè, cafè, cafè…». Wenn man Glück hatte und beim Tanz die Gunst eines Mädchens gewonnen hatte, bekam man eine Einladung in die private Küche – da gab es «fuatscha grassa», einen Mürbeteigfladen mit viel Butter – alles war säuberlich vorbereitet. Eine solche Einladung war mehr als nur eine Sympathieerklärung.

Aber es wurde nicht nur gefestet, sondern auch getrunken. Eigentlich wurde in den Beizen gesoffen, viel zu viel. Und wenn die Männer im Morgengrauen aus den Wirtshäusern taumelten, halfen sie sich gegenseitig, um überhaupt heimzufinden.

Nachbarn

Als Ramoscher hatten wir nicht zu allen Nachbardörfern die gleiche Beziehung. Da waren die Senter, die sind ein ganz eigenes Volk. Als Buben hatten wir immer Schlägereien gehabt mit denen. Sie begegneten uns hochnäsig, denn Sent war wegen der vielen reichen Randulins eine wohlhabende Gemeinde. Die schönen Häuser in Sent waren fast alle von Randulins erbaut worden. Auch im Militärdienst waren die Senter eine besondere Gattung. Wenn wir im Kantonement Siebeneinhalb mit Karten um Geld spielten, sagten nicht nur die Ramoscher, die Senter würden bescheissen. Wenn einer das Maul auftat, dann hörte man schon von weitem, dass er von Sent war, die reden nämlich ganz langsam, als wären sie in den Ferien, vielleicht kommt das auch von den Randulins.

Tschlin, unser Nachbardorf talauswärts, war verglichen mit Sent das Armenhaus. Sie sind schon ein bisschen Zigeuner, ich meine das nicht abschätzig, aber wir haben die verschmitzten Tschliner wegen dieses jenischen Einschlags «tschiainders» genannt. Sie haben echt lustige Gesichter, und vermutlich ist auch ihre grosse Musikalität darin begründet.

Je weiter weg ein Dorf war, desto weniger hatten wir wirklich einen Bezug. Das oberste Engadin mit St. Moritz kannte man nur vom Hörensagen. Aber schon Scuol war für uns eine höhere Gesellschaft, tüchtiger als die Scuoler waren nur noch die Tarasper, als katholische Minderheit mussten die sich wahrscheinlich speziell behaupten.

Neben aller Engstirnigkeit gegenüber den Nachbarn gab es natürlich auch Verbindendes. In allen Dörfern wurde Theater gespielt. Man ging nach Sent, zwei Wochen danach kamen alle nach Ramosch, und vielleicht einen Monat später war dann Premiere in Tschlin. Auch ich war Schauspieler, die erste Komödie, bei der ich mitwirkte, hiess, glaube ich, das «Wirtshaus im Spessart». Natürlich wurde eine romanische Übersetzung gespielt, ich war der Anführer der Räuber.

So wie sich das kulturelle Leben in den letzten Jahrzehnten in den Dörfern gewandelt hat, ist auch sonst alles irgendwie verarmt und gleichgeschaltet. Ich würde aus den heutigen Läden neunzig Prozent hinauswerfen und möglichst Einheimisches hineintun. Mir gefällt die Bescheidenheit. Ich besitze ein interessantes Buch vom Dorfladen in Martina aus dem Jahr 1801, darin sind die Bestellungen der Leute festgehalten, denn damals bezahlte niemand bar. Sie liessen alles aufschreiben, und als Abgeltung brachten sie später vielleicht ein Fuder Heu, eine Ladung Holz, oder sie schlugen mit zwei Ochsen einige Äcker um. In diesem Dorfladen gab es nur eine Handvoll Artikel, das meiste produzierten die Leute ja selber. Vom Händler bezog man Reis, Polenta, Salz, Wiibeerli, Schuhleder, Wein und Schnaps. Fertig.

«Durcheinandertal»

Fernsehen war im Durcheinandertal noch nicht möglich; nur das Heulen der Winterstürme, der bald einsetzende Schneefall, die Stille der folgenden Nächte, drauf wieder Schneefall, drauf wieder Totenstille. (…) Sie fühlten sich als Einheit, als Volk, mehr als ein Volk, als Urvolk, das Durcheinandertal gehörte ihnen, sie hatten hier zu befehlen, sie waren die gleichen wie vor Jahrhunderten, Jahrtausenden geblieben, wie vom Anfang der Welt an, und nicht verweichlicht wie in der Kantonshauptstadt. (…) Dass du nicht enden kannst, das macht dich gross, und dass du nie beginnst, das ist dein Los, dein Lied ist drehend wie das Sterngewölbe (…) QUELLE: *Friedrich Dürrenmatt, «Durcheinandertal», 1989, Seiten 60|158|122*

Chara lingua

Als ich im Ausland war, hatte ich nie Heimweh. Und wenn ich jetzt noch einmal zwanzig wäre, würde ich das Tal wieder verlassen. In einer grossen Stadt könnte ich allerdings nicht leben. In meinen Erinnerungen hat sich natürlich meine Zeit in den Pyrenäen verklärt. Wäre ich nochmals jung, ich ginge unverzüglich wieder dorthin, in dieses weite, unberührte Bergland, möglicherweise ist das mein Utopia.

Wenn ich damals in der Fremde dennoch so etwas wie Nostalgie verspürte, dann war es immer die Sehnsucht nach Raschvella. Hier bin ich mit allem verbunden. Das ist der Ort meiner Kindheit. Aus den Pyrenäen bin ich nur heimgekommen wegen meiner Mutter. Ich konnte sie nicht allein lassen mit meinem Vater, der über sich die Kontrolle verloren hatte. Dass mir die romanische Sprache heute wichtig ist, davon bin ich überzeugt, das hat seine Wurzeln in meinen Gefühlen zu meiner Mutter.

«Chara lingua», heisst es im Lied, unsere geliebte Sprache aber ist bedroht. Das betrübt mich, und wenn ich dem bisweilen nachhänge, kommt es mir vor, als sässe ich am Bett eines kranken Freundes, der im Sterben liegt. Einst reichte die Provinz Rätien bis nach Augsburg, auch in Innsbruck redete man Romanisch. Viele Flurnamen belegen dies heute noch, etwa der Innsbrucker Hausberg Patscherkofel – ‹Patscher› kommt von «paster» gleich Hirt und ‹Kofel› von «cuvel» gleich Höhle. Der Paterscherkofel ist also die Höhle des Hirten.

Heute wird für das Romanische viel gemacht, oder muss ich sagen, es wird viel probiert? Trotzdem denke ich, dass in hundert oder zweihundert Jahren niemand mehr unsere Sprache sprechen wird. Denn wir haben in der Vergangenheit viel gesündigt. Wenn zehn Leute an einem Tisch sassen und einer verstand das Rätoromanische nicht, so wurde automatisch Deutsch geredet. Gegenüber Gästen ist das vielleicht angebracht, aber wenn einer hier wohnt, gehört es sich, dass er unsere Sprache lernt. Ich sprach einmal einen Geschäftsmann, der seit vierzig Jahren hier lebt, darauf an und bekam nur eine abschätzige Antwort.

Doch das Hauptproblem liegt in den Familien, in vielen sprachlich gemischten Ehen ist die Alltagssprache automatisch Deutsch. Da gehört meine Familie fast zu den Ausnahmen, und das ist Lilianes grosses Verdienst. Als sie ins Engadin kam, kaufte sie sich sofort Bücher, und da sie selbst schon zweisprachig aufgewachsen war, fiel es ihr vermutlich auch leichter, Romanisch zu lernen. Innerhalb der Familie jedenfalls wurde sie zur Hüterin und Sprachinstanz, ihrem feinen Ohr entgeht nichts.

Aint il parc

Mes bös-ch sun las culuonnas
d'ün taimpel be verds algords
E'ls vouts da las manzinas
fan sortir minchatant
sblachs accords
d'üna veglischma liturgia
Eu n'ha la memüergia profuonda
sco la chavlüra zoppada
da mias ragischs
disch il bös-ch
...

Im Park

Meine Bäume sind die Säulen
eines Tempels grüner Erinnerung
und aus den Gewölben der Zweige
steigen manchmal
blasse Akkorde
einer alten Liturgie
Mein Gedächtnis dringt ins Dunkel
wie das Verborgene
sagt der Baum
...
*Andri Peer, Sgrafits, 1959,
in: Iso Camartin, «Nichts als Worte?
Ein Plädoyer für Kleinsprachen»,
1985, Seite 231*

Familie

Dieses Akribische meiner Frau führte sonst aber in unserem Zusammensein oft zu Divergenzen. Der egoistische Cla Famos war und ist kein zärtlicher Gefährte, mit meinem Davonlaufen, meinem Eremitentum in Raschvella, habe ich sie sicher oft enttäuscht – das tut mir leid. Doch ich bin und bleibe ein Bergtier. Neben mir ist Liliane eine noble Frau, da bewundere ich sie, und es passt zu ihr, dass sie vor ein paar Jahren noch angefangen hat, Russisch zu lernen.

Dennoch, meine Familie ist mir das Wichtigste in der Welt. Mein Sohn Anton heisst Anton, weil mein Vater so hiess. Ein Jahr später kam die erste Tochter, wir tauften sie Urezza, das ist bei uns ein Flurname, das Wort gefiel mir wegen der Melodie; es kann sein, dass unsere Urezza damals die erste mit diesem Namen war. Unsere zweite Tochter tauften wir Martina, weil sie in Martina auf die Welt kam. Alle drei haben inzwischen selber Kinder.

Anton lernte Schlosser, etwas, das ich auch gerne gemacht hätte, als Bub war ich ja ständig in der Bude unseres Dorfschmieds. Mein Sohn Anton betrieb eine Zeit lang eine Schlosserei hier im Tal, aber da war zu viel Konkurrenz, man musste zu billig offerieren, darum zog er weg. Er ist jetzt im Unterland und hat sich spezialisiert auf Beratung, Vertrieb und Montage von italienischen Kühlsystemen. Das liegt ihm, aber Geschäft ist Geschäft, es kann immer eine Krise geben.

Die jüngste Tochter arbeitet oft in Innsbruck und organisiert mit einem Teilhaber Snowboardanlässe. Ihr Mann ist ein Schwarzer aus Kuba, er ist Discjockey in Zürich, ihr Kind oder mein Enkel, ist sozusagen ein moderner Randulin.

    Urezza, das habe ich schon erzählt, hat für die Acla da Fans viel mehr gemacht als ich, aber schliesslich, nach fast zwanzig Jahren, mochte sie nicht mehr nur immer Schnaps verkaufen. Sie träumte davon, sich für die Kultur zu engagieren, als Beraterin und Managerin. Heute ist Urezza auch Herausgeberin des «piz», eines Kulturmagazins fürs Engadin.

Piz
«piz» heisst das Magazin für das Engadin und die Bündner Südtäler. Reportagen und Porträts vermitteln, was die Menschen in diesen Bergtälern beschäftigt und bewegt. Für «piz» arbeiten namhafte Autorinnen und Autoren, Fotografinnen und Fotografen. Das sorgfältig gestaltete Magazin fokussiert auf kulturelle und touristische Themen und erscheint zweimal jährlich in einer Auflage von 30 000 Exemplaren.

Wehmut

Die Acla da Fans verkaufen, das wollte ich nicht. Man verkauft nicht ohne Not die beste Kuh im Stall. Doch meine Familie insistierte, schliesslich gab ich nach, und wir verkauften unsere Gesamtbetriebe an eine Investorengruppe um unseren damaligen Berater Hansueli Baier. Wenn ich daran denke, erfüllt mich das mit Wehmut. Nicht wegen des Geldes. Ich habe viel Geld. Aber ich pfeife darauf. Ich bin ein bescheidener Mensch. Wenn ich mein Brot, meinen Käse, meine paar Kartoffeln habe, habe ich genug. Ich wurde so erzogen, und das bleibt dir.

Gestern war ich beim Arzt, und er sagte zu mir: «Du lebst ein bisschen gefährlich mit deinem künstlichen Magen. Aber wenn ich dich operiere, ist es auch riskant. Jetzt musst du entscheiden.» Dann sagte ich sofort: «Nicht operieren.» Mit meinem Magen muss ich wirklich aufpassen, speziell am Abend, sonst kommt mir die Galle hoch und ergiesst sich in die Lunge, und für eine halbe Stunde drehe ich mich wie ein Wurm. Diese Schmerzen kannst du dir nicht vorstellen – dann schneide ich mir lieber mit dem Sackmesser den Arm ab. Tags darauf habe ich eine Lungenentzündung, und ich muss Antibiotika fressen mit der Schaufel. Die machen dich auch kaputt. Aber wenn ich Lust habe, esse ich trotzdem Speck!

Eins

Mit meinem Leben bin ich zufrieden. Manches hätte vielleicht anders sein können, wenn ich selber anders gewesen wäre. Ich liebe meine Familie, ich habe Freude an meinen Enkelkindern. Das Alter ist eine Beschränkung, aber es gibt vieles, was mich erfüllt: Die Pflanzen, die Tiere – und je unsicherer ich auf meinen Beinen stehe, desto mehr habe ich das Gefühl, eins zu sein mit allem.

 Glücklich macht mich, jetzt wo ich bald sterben werde, dass ich ein sehr interessantes Leben gehabt habe, ein glückliches Leben. Ich habe viel gearbeitet, nun bin ich parat zum Marschieren. Ich habe keine Angst vor dem Tod. Wenn der Teufel jetzt da hereinkommt und befiehlt: «So, Cla, jetzt müssen wir gehen!» Dann würde ich sagen: «Tüemer a klii Marend ipacka im Rucksack, und dann marschieren wir.»

Cla Famos
2007

Pleds

Eir be pleds
restan chavats aint
in noss cours,
e lur algord
schlontscha
nossas ormas

Worte

Auch Worte nur
bleiben eingegraben
in unseren Herzen,
und was sie
in Erinnerung bringen
weitet
unsere Seelen

*Robert Luzzi, Larschöla, 1975,
in: Iso Camartin, «Nichts als Worte?
Ein Plädoyer für Kleinsprachen»,
1985, Seite 234*

Impressum

Herausgeber
Hansueli Baier

Text
Peter Schmid

Verlag
Südostschweiz Buchverlag
info@suedostschweiz-buchverlag.ch
www.suedostschweiz-buchverlag.ch

Copyright © 2010
für das Buch beim
Südostschweiz Buchverlag
Chur | Zürich; für die Texte
bei Peter Schmid; für die
Landschaftsfotografien bei
Florio Puenter und für die
dokumentarischen Fotos
bei Liliane Famos.

Copyright © 2004
für den Film von Arnold
Rauch «Ün sco ingün – Il famus
Cla Famos | Einer wie keiner –
Der famose Cla Famos»
bei Televisiun Rumantscha.
Alle Urheber- und Leistungs-
schutzrechte sind vorbehalten.
Diese DVD ist nur für den
privaten Gebrauch bestimmt.
Zuwiderhandlungen werden
zivil- und strafrechtlich
verfolgt.

**Bibliografische Information der
Deutschen Nationalbibliothek**
Die Deutsche Nationalbibliothek
verzeichnet diese Publikation
in der Deutschen National-
bibliografie; detaillierte
bibliografische Daten sind im
Internet über www.d-nb.de
abrufbar.

Buchkonzept
Peter Schmid und
Clemens Theobert Schedler

Gestaltung
Clemens Theobert Schedler
Büro für konkrete Gestaltung

Landschaftsfotografie
Florio Puenter

Lektorat
Erica Schmid Caprez
wortwärts textbüro

**Druckvorstufe,
Scans und Bildbearbeitung**
Boris Bonev
PrePress & PrintService

Druck
Südostschweiz Print –
Südostschweiz Presse
und Print AG

Bindung
Buchbinderei Burkhardt AG

Schrifttype
FF Quadraat Open Type,
entworfen von Fred Smeijers

Papiere
Pergamenata «Bianco» 90 g
Surbalin glatt «Aubergine» 115 g
Munken Polar 130 g

1. Auflage
3.000 Exemplare im Juni 2010

ISBN
978-3-905688-62-7